# 玩法变了

# 中小网商生存手册

蔡敏 编著

電子工業出版社
Publishing House of Electronics Industry
北京•BEIJING

## 内容简介

网店的低成本、低门槛使得越来越多的人到网上来开店，每天都有大量的新店铺涌现。线下的大品牌与传统企业也已开始转战电商战场，让竞争越发激烈。开店容易存活难成为所有卖家面临的普遍问题。本书以作者多年的电商经验，分享具有实际参考价值的开店流程，并从店铺生存的角度，给出解决没生意、没客户的基本问题，给予经营遇到困境的卖家一剂良药。



**图书在版编目（CIP）数据**

中小网商生存手册 / 蔡敏编著. —北京：电子工业出版社，2014.1
（玩法变了）
ISBN 978-7-121-21745-6

Ⅰ. ①中…　Ⅱ. ①蔡…　Ⅲ. ①电子商务－商业经营－中国－手册
Ⅳ. ①F724.6-62

中国版本图书馆 CIP 数据核字（2013）第 254035 号

策划编辑：林瑞和
责任编辑：徐津平
印　　刷：三河市鑫金马印装有限公司
装　　订：三河市鑫金马印装有限公司
出版发行：电子工业出版社
北京市海淀区万寿路 173 信箱　邮编 100036
开　　本：900×1280　1/32　印张：5.75　字数：135 千字
印　　次：2014 年 1 月第 1 次印刷
定　　价：39.00 元

凡所购买电子工业出版社图书有缺损问题，请向购买书店调换。若书店售缺，请与本社发行部联系，联系及邮购电话：（010）88254888。

质量投诉请发邮件至 zlts@phei.com.cn，盗版侵权举报请发邮件至 dbqq@phei.com.cn。

服务热线：（010）88258888。

# 前言

FOREWORD

随着电子商务热潮的来临，自我创业的门槛越来越低。互联网的创业者，特别是网上开店的创业者需要付出的成本也越来越低。现在网上开店的成本相比传统开店需要的店面租金、店铺装修和加盟费用等成本来说，简直是九牛一毛。

而在淘宝网等电子商务平台上开一个网店的成本最低可以降到只需要一台电脑和一根网线，商品可以代理，图片拍摄等问题也都有各种方式降低成本，有的代理公司甚至直接把图片和商品描述打包好，卖家只须通过软件上传，即可全部搞定。

但是由于门槛的降低导致的一个最大问题就是如果人人能做，那么当你准备在网上开店时，你的亲戚、朋友和隔壁邻居等有可能都在开店，竞争越来越激烈这个事实已经摆在我们面前。

每天无数新网店的崛起、无数老网店的陨落如同一个巨大的浪潮，将创业者们推向浩瀚的海洋。

那么在无数问题中，我们最应该解决的是什么问题？

如果你的店铺无法存活下来，那么谈诸如如何把网店开好等问题则没有任何意义。

只有能够顺利生存的店铺，才有资格去考虑后续的发展。互联网使我们可以越来越方便地获取知识，出现一个问题后，我们只需要通过互联网搜索答案，很多问题就会迎刃而解。那么获取的这些知识对我们真的有效吗？

假设你要学开淘宝网店，那么你在 Google 或者百度上搜索，得到的是什么呢？如图 1 和图 2 所示，在 Google 和百度上搜索“学开淘宝”的结果都在 300 万条以上。

看到搜索结果后，我们会发现这样一个事实，即知识的量过大导致无法找到真正需要的东西。很多时候我们会对因为面临巨大的信息量而不知所措。

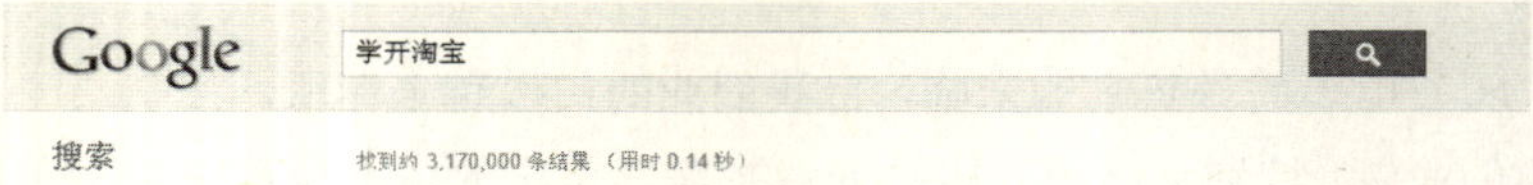


图 1　Google 搜索的结果

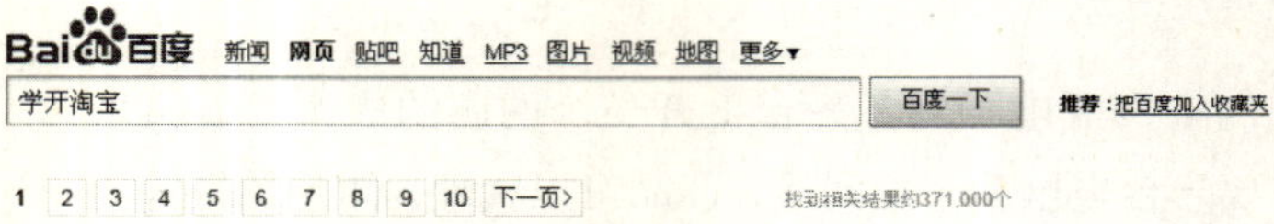


图 2　百度搜索的结果

笔者接触的很多中小卖家不断地问笔者一些相同的问题。难道真的没有答案？当然每个问题都可以通过不同的媒介得到一定的解答，但是就算得到了答案，我们仍然会被众多的答案所困扰。

当笔者在各种演讲及研讨会上问中小卖家这样一个问题时：“各位，你们最想听到什么呢？”得到的答案多种多样，但是汇总后发现，众多的中小卖家实际上想得到的答案是：“如何通过开网店来快速致富。”

当然，把中小卖家们遇到的各种问题做个解答来写本书，其实也并非不可，但是这对于各位中小卖家们现在的状况而言可以说是用处不大！那么对于快速致富这个问题真的有答案吗？各位读者尝试去搜索就会发现答案是多么不靠谱了。百度搜索“快速致富”的结果如图 3 所示。

现在我们面临这样的状况：竞争激烈，而且没有快速致富的方法。那么已经在互联网上开了店或者准备开店的人们究竟该怎么办呢？当我们学会去挖掘自己的深层需求时，会发现我们缺少的不是知识，而是系统性的规划。通俗地说，就是不知道开设网店应该先做什么后做什么？

系统性的规划为何如此重要呢？笔者对这两年没有生存下来的网店进行调研，发现了各种导致店铺没有生存下来的原因，如原来的好货源不再有、资金缺乏、店铺违规和管理混乱等问题，但我们把这些问题集中后会发现，这些店铺无论是什么原因导致无法生存的，其最终总涉及一个问题，即事先没有计划，事后又像救火队那样急急忙忙处理。

Bai百度
新闻 网页 贴吧 知道 音乐 图片 视频 地图 文库 更多»
快速致富
百度一下
推荐：用手机随时随地上百度
28商机网 2013年快速致富项目联展
28商机网(28.com)是国内顶尖的招商加盟门户网站,找快速致富项目首选28商机网,无需东奔西跑,一年狂赚百万,给项目留言,获取免费创业培训基金!多留言,多比较,创业必成功!
tj.28.com 2013-05 - 推广
快速致富?投资一年买房买车收入稳定无风险
快速致富,当天投资次日分红,收益高达200%.无需经验,本金零风险,见效快收益稳定
www.tjcbtz.com 2013-05 - 推广
2013年家庭办厂致富项目 不收押金免费供料!
家庭办厂致富项目,厂家提供手工活加工项目,无需押金,无需保证金,在家赚钱!家庭办厂致富项目100多个赚钱手工加工项目,赶快留言你还等什么!
jp.166.cn 2013-05 - 推广
2013年银行理财,100%盈利分红,理财项目
无风险,高回报,小额银行理财理财产品,稳定收益,天天投资理财,快速致富短期投资高盈利 2013年理财站,固定式分红!
www.cy5688.com 2013-05 - 推广
家庭办厂致富项目 小本投资,精品项目,免押金!
家庭办厂致富项目,免费提供材料,上门回收,0风险,技术简单易学,创业好钱景!家庭办厂致富项目,足不出户,一年买房买车!
baidu.redian360.com 2013-05 - 推广
快速致富,酒类批发,酒类配送,酒类开店
赚钱商机,300款酒类产品,特价配送,供货商超,卖场,酒店,小城市赚大钱,
bd.91cy.cc 2013-05 - 推广
百度和中消协提示您：
百度和中消协联合推出"百度网民权益保障计划"，如您因推广商家假冒、欺诈造成经济损失，可获得权益保障。
（请登录百度账号以更好的保护您的权益）
推广链接
2013农村致富小项目 上门收..
农村致富小项目,免费提供设备,培训技术,高价回收,超高回报,在家做老板!
by.zszhandian.com
快速致富 1000元创业当老板!
快速致富,特色创业加盟店,一年变富翁!
快速致富,创业赚钱项目,商机不容错过!!
588.fgm99.com
致富 2013年最赚钱致富项目..
只需小本投资,就可快速致富当老板!
致富机会多,项目好,是您致富的最佳选择!
www.78.cn
快速致富1000元开店当老板!
1000元快速致富,在家创业首选批发代理,本小利润空间大!无需东奔西跑!

图 3　百度搜索“快速致富”的结果

如同在不断地亡羊补牢，今天店铺没客户就去做推广、今天店铺商品卖不掉就去做促销。我们落入了不断花钱推广和打折促销的怪圈。

如何逃离这个怪圈，是否能尝试通过看得更长远来找到解决问题的根源。那么学会在对的时间做对的事，是我们必须先学会的。所以接下来介绍网店发展常规通用计划。这是一个关于一般网店如何在自己的各个发展阶段寻找自己最该做的事情的一个计划。

这里进行一次重申，世上本就不存在最完美的商业计划，更何况本计划针对的是庞大的中小卖家群体，因此该计划虽然以大多数中小卖家为基准，但网店拥有的资源及掌柜的技能等各种因素都会影响网店后期的实行，所以读者一定要做好这样一个心理准备，即计划是给各位读者作为思维导向的，希望在本书的编写过程中得到了朋友和家人的大力帮助，另外参与本书编写的还有徐靓、李娜、陈飞艳、张晓峰、王琳和蔡裕后，在这里一并表示感谢。大家能从中找到适合自己的生存方法并灵活应用，注意，绝不能生搬硬套。

蔡敏

2013.9

# 目录

CONTENTS

## 第一部分　计划——中小网商的发展计划



## 第二部分　生存——解决存活的最基本问题



## 第三部分　脱困——危机来临的存活办法

## 第四部分　融合——成熟网商的格局打造

# 第一部分　计划

## 中小网商的发展计划

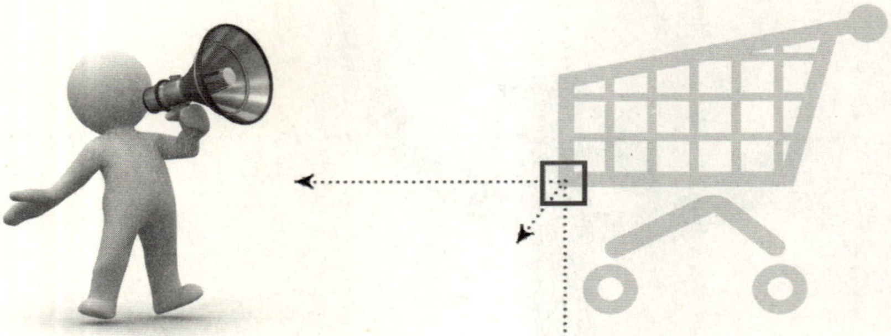

# 第 1 章

# 数据

# 1.1 网店基本数据解读

在进行所有计划之前，我们先要了解的是目前我们店铺本身的情况，所谓知己知彼、百战不殆，如果连自己店铺的情况都不知道，那么接下来要进行的计划也就无法实现。了解自己店铺情况的最客观的方法就是通过数据来了解。

很多读者看到数据一词时，总会觉得数据是一件非常烦杂且让人头疼的事情，其实对于网店初期经营而言，这些数据根本没有那么复杂。

举一个最简单的例子，假设今天我们店里卖掉一件商品，其进货价格是 50 元，卖出价格是 100 元，那么我们就赚到 50 元，这其实就是一个数据公式。那么请思考一下，如果我们的店铺要活下去，我们需要什么呢？

一定会有人说要客户，没有客户就没有销量；也有人说要销量，没有销量就没有利润；当然还有人会说要利润。为了让一个店铺生存下去，我们确实需要利润。

下面我们先来了解一下基本的数据。为了便于各位读者理解，笔者把数据分为三部分，**访问数据、交易数据和售后数据。**首先来介绍访问数据。

# 1.2 访问数据

什么是访问数据呢？访问数据就是来到你的店铺的客户数量的数据，其中访问数据又分为访客数（简称 UV）和浏览量（简称 PV），量子恒道店铺经的数据展示如图 1-1 所示。

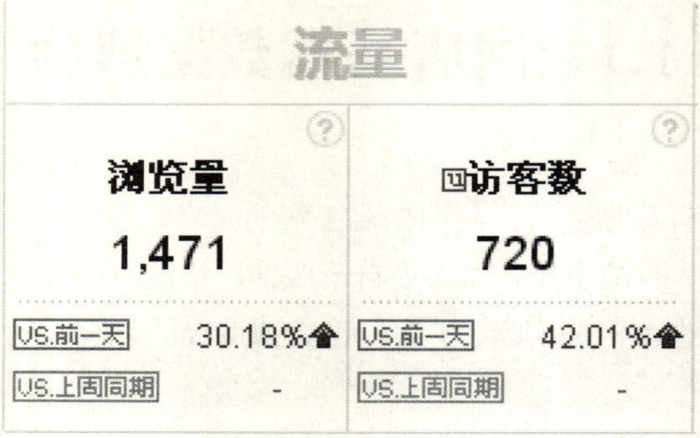


图 1-1　量子恒道店铺经的数据展示

实际上，如果对访问数据进行深入挖掘，那么还可以解释很多内容，但本书并非以讲数据为主的书籍，而对于新手卖家来说，快速地理解最简单的数据要比把数据观测分析做到极致来得更加有效和便捷。因此，这里只抓出最有用的几个数据点来说。如要深入研究，则需要依靠读者的自我领悟，打好经营基础。

那么什么是访客数呢，访客数就是在一定的时间内，有多少人来你的店里。例如，每天的访客数是 1000，也就说明每天有 1000 个顾客来到你的店铺。知道访客数也就知道了每天你店铺的流量数，同时还可以以此作为对自己店铺后续经营决策的一个基础数据来进行对比。举个最简单的例子，如访客数连续一个月慢慢降低，那么进行引入流量的操作是重点，如推广；若访客数已经较为稳定，并且数值较高（较高或者较低并无一定的数值，要与自己经营的商品及市场的变化来综合评定），那么推广就不再是重点，稳住现有的客户并提高客户的购买率才是当下的重点。

浏览量是什么呢？其实就是所有客户在一定时间节点内浏览的页面数。通过浏览量也能得到人均访问页面数。用实体店来举个例子，访客数是今天来到你店里的人的数量，比如今天来到你店里的人数是 100 人，那么访客数（UV）就是 100，而这些顾客看了你店里的很多东西，总共看了 300 件店里的东西，那么浏览量（PV）就是 300，那么每个人大约看了 3 件商品，这就是人均访问页面数。那么我们知道这两个数据对于店铺有什么帮助呢？

下面以网上开店给大家做个简单的解释：以一般淘宝网店的顾客为例，顾客通过淘宝网首页进行搜索或类目查找某种商品时，会出现无数商品，而顾客点击到你的店铺中的商品时，你的店铺访客数（UV）这时候是 1，也就是有 1 位客户来到了你的店铺。

如果这位顾客在看了一会儿这件商品，然后点到了你的店铺首页，又看了你的某个分类页面，最后在分类页中单击了某件商品，购买后离开。那么这位顾客的人均访问页面数就是商品页、店铺首页、分类页和商品页，也就是 4。如果这位顾客只是浏览了第一个商品页，然后就离开了，那么人均访问页面数就是 1。

如果你的人均访问页面数低了，那么你需要提升宝贝页面美化及店铺装修，或者是进行店内促销来让你的顾客看更多你店铺的页面。如果你的人均页面数较高，那么从某些角度证明了你的店铺留客做得还是不错的。

通过上面这个解释，我们知道了店铺浏览量（PV）及人均访问数，都是我们留住顾客的主要数据。而店铺访客数是引来顾客的主要数据。这三个数据都是基础数据中最重要、最基础的数据。知道了这三个数据后，才能对自己的店铺来进行了解和分析，以及做出一定的对策。

从哪里来获得这些数据呢？以淘宝网店为例，很多软件公司都专门开发出研究数据的工具，可以让店铺进行应用。而淘宝卖家后台本身就有这样的数据页面及数据统计，从中可以看到店铺的各种基础数据。如图 1-2 和图 1-3 所示。

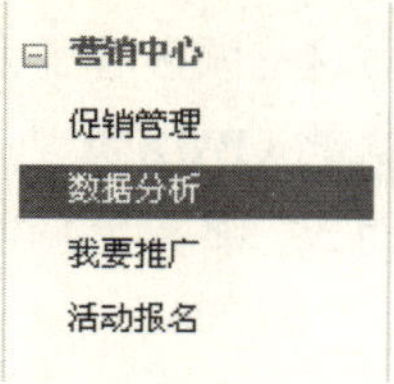


图 1-2　淘宝卖家后台的数据分析入口

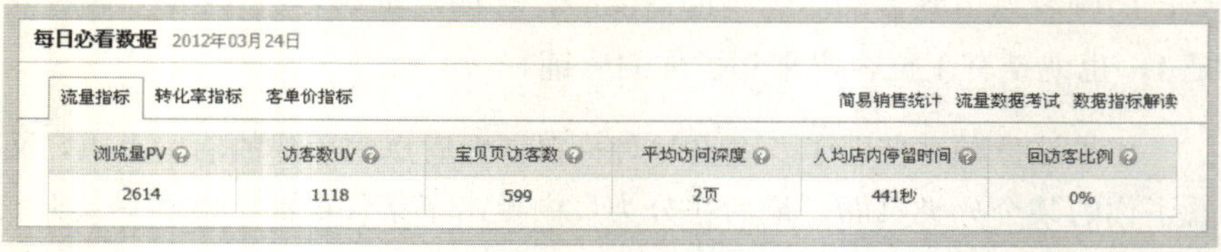

每日必看数据 2012年03月24日

流量指标　转化率指标　客单价指标　　简易销售统计　流量数据考试　数据指标解读

| 浏览量PV | 访客数UV | 宝贝页访客数 | 平均访问深度 | 人均店内停留时间 | 回访客比例 |
|---|---|---|---|---|---|
| 2614 | 1118 | 599 | 2页 | 441秒 | 0% |

图 1-3　数据后台的各种数据显示

图 1-3 所示的是平均访问深度，也就是每个客户大约访问的页面数，人均停留时间就是每个客户在店铺停留的时间。

这里给各位读者补充一个数据：回头率。

新店铺大部分客户是新客户，如前面举例中的搜索来到你店铺的客户；其实还有一部分客户并非是新客户，而是第二次甚至更多次来到你店铺的客户。我们把第二次及更多次来到你店铺浏览的这个数据叫做回头率。回头率在数值中一般是以比率统计的，如 10%回头率，也就是每 100 个客户中有 10 个客户是第二次进入你的店铺的，回头率越高，证明你的店铺黏度越高，产品及店铺的维护都做得比较好，当然也就证明了新客户较少。反之，回头率越低，就证明了客户黏度不够，对老客户的吸引度较差，店铺没有让客户再来看看的意愿。接下来我们需要了解的数据是交易数据。

# 1.3 交易数据

我们的经营目的是交易成功，客户购买与否，可以从交易数据中得到我们需要了解的内容。以下 4 部分是交易数据中最基础的数据，了解这 4 个数据，就可以对自己店铺的基础问题一目了然了：

- 销量；
- 转化率；
- 客单价；
- 回头率。

销量是非常简单的数据，就是卖出商品的数量。当然我们可以通过更加细致的分割来了解销量。一天卖出商品的量即日销量，一个月卖出的量即月销量，一个月平均每天卖出的量即当月平均日销量。知道销量也就了解了我们店铺现今的状况：是有生意还是没有生意。当知道每天卖出了多少后，也就知道了我们的店铺现在的运转状态是否正常。当然每天都有生意确实是好事，但并不是每一个行业都是每天都有生意的，有些行业就是做季度生意的，如夏季卖凉席、冬季卖暖手宝等，只做某个季度。如图 1-4 和图 1-5 是“我是卖家后台”查看的销量数据。

不论你的商品卖得如何，都需要时时审视销量，笔者曾经在自己经营店铺的同时又为其他业务奔忙，但仍要求自己店铺的店长每天必须发手机短信，其中最重要的一项就是当日销量。当然更具体的数据则需要自己去店铺查看，如某个宝贝的日销量等，图 1-6 所示的是前台销售数据，图 1-7 所示的是后台销售数据。

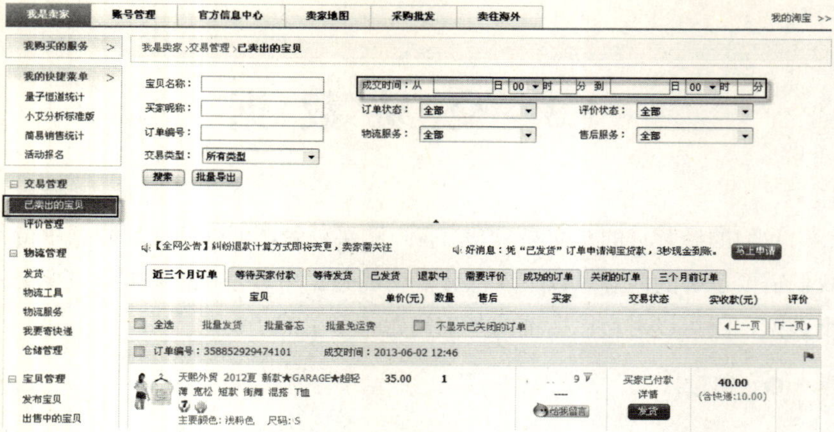


图 1-4 “我是卖家后台——已卖出的宝贝”界面

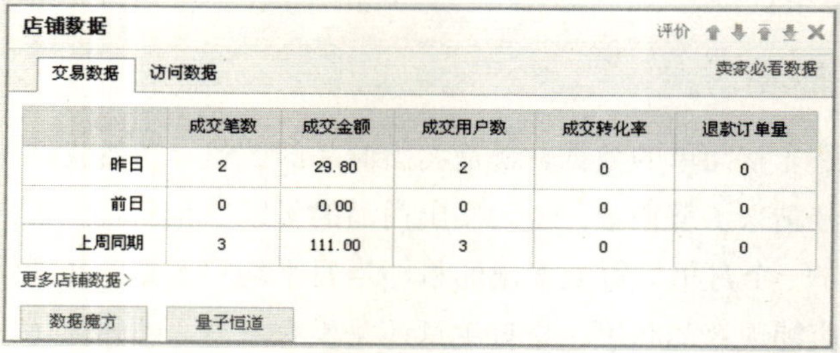
店铺数据

评价

交易数据　访问数据　　卖家必看数据

| | 成交笔数 | 成交金额 | 成交用户数 | 成交转化率 | 退款订单量 |
|---|---|---|---|---|---|
| 昨日 | 2 | 29.80 | 2 | 0 | 0 |
| 前日 | 0 | 0.00 | 0 | 0 | 0 |
| 上周同期 | 3 | 111.00 | 3 | 0 | 0 |

更多店铺数据>

数据魔方　量子恒道

图 1-5 “我是卖家后台——店铺数据”（交易数据）

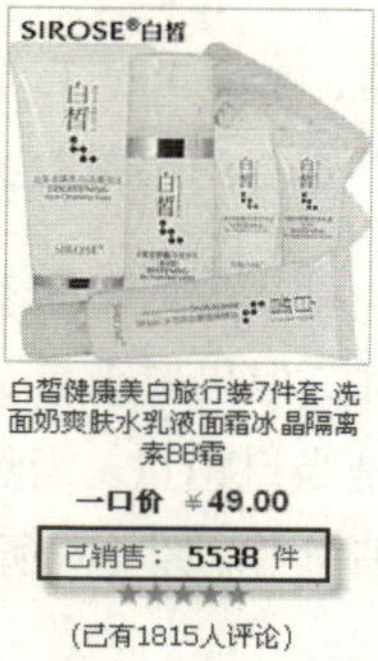


图 1-6 前台销售数据

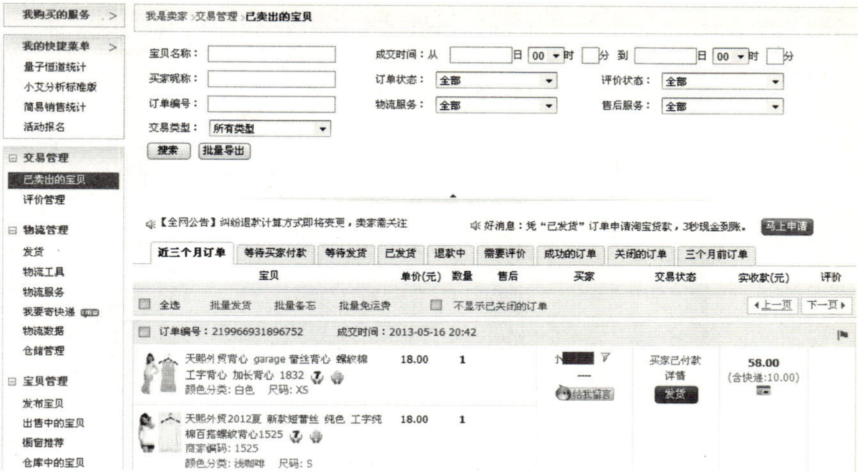


图 1-7　后台销售数据

接下来我们来说一下转化率，转化率即转化数据，通常我们所说的转化率有两个，一个是浏览转化率即全店成交转化率，如图 1-8 所示；另一个是询单转化率，如图 1-9 所示。

浏览转化率其实就是浏览转化为销售的数据，我们用最容易理解的方式来解释一下。例如，一家实体店来了 10 个顾客，在店里转来转去，看了很久，最终买了一件商品，那么其浏览转化率就是 10%，也就是十分之一。

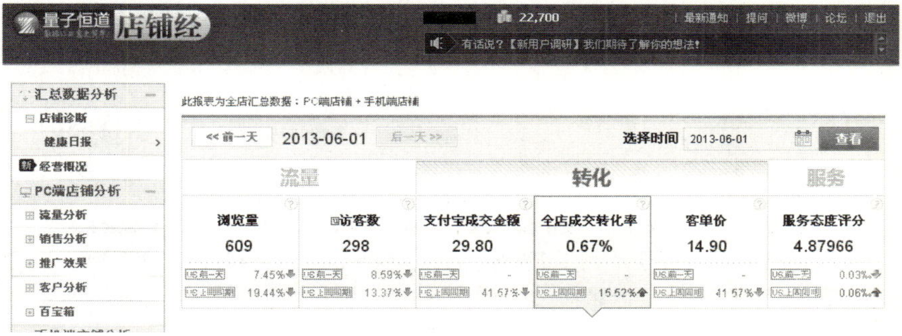


图 1-8　量子恒道后台——全店成交转化率

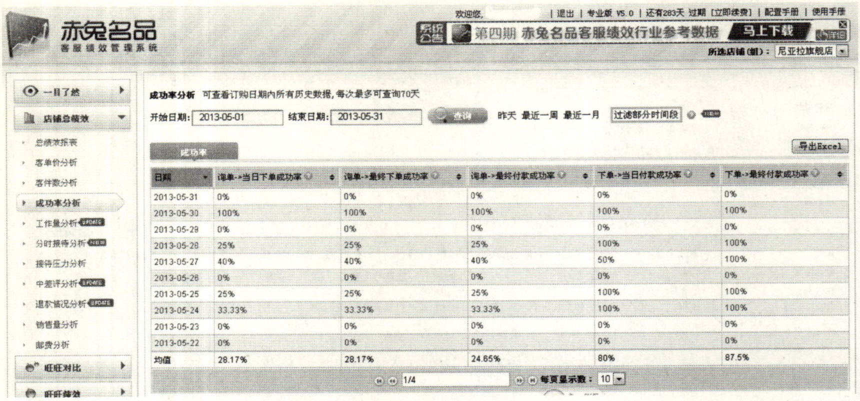


图 1-9　赤兔名品后台——可查看客服询单转化率

这个数据没有一个非常恒定的数值，在与中小卖家交流的过程中，很多中小卖家常常问类似这样的问题：“我是卖女装的，女装的转化率为多少比较健康？”“我是卖食品的，食品的转化率为多少比较好”等，笔者一般不会给一个很直接的答复，因为这个转化率受多种情况影响。

首先行业间的转化率必然不同，商品的特性导致了我们的顾客是喜欢货比三家，还是看上就购买。商品面对的顾客也是影响转化率的因素之一，而很多因素是我们无法规避的，如卖护肤品的，面对的必然是爱美的女士。性别、年龄、收入等都会导致产品的转化率不同，这里不再一一阐述。如图 1-10 和图 1-11 所示，分别为不同季节和不同商品的转化率。

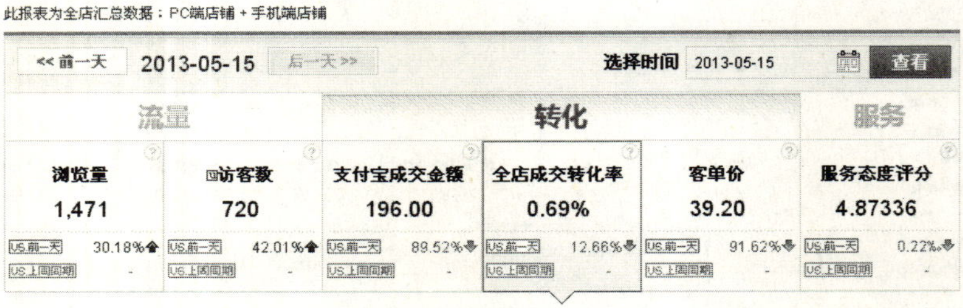


图 1-10　量子恒道转化数据——某低单价女装店铺

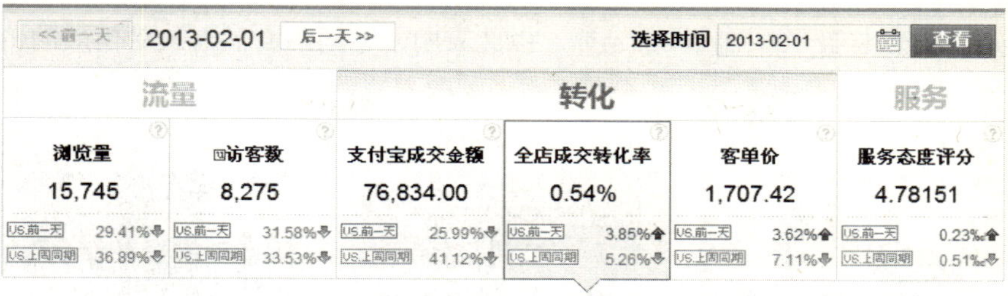


图 1-11　量子恒道转化数据——某高单价数码店铺

那么当我们的商品及顾客群固定时，浏览转化率受哪些情况的影响呢？商品的展现、店铺的形象和商品的价位是较为普遍的导致转化率受影响的三个因素。

而其中对转化率影响最大的是商品的销量。当顾客看到一件商品没有一个人购买时，让他（她）尝试做第一个购买者就非常的困难。

而另一种情况是虽然这件商品没有销量，但展现出了顾客的潜在需求，那么也有可能会突破这个销量。同时整个店铺看上去是否正规、是否吸引人等都是影响浏览转化率的因素。

很多中小卖家曾问过笔者这样一个问题：“是否商品越便宜转化率就越高！”这个答案一定是：“否”。如图 1-12 所示，低价格不代表有销量。

价格是会影响转化率，但价格低还是高，需要我们去尝试和判断。现在已经不是越便宜越好卖的时代了，更不用说价格恶性竞争导致的零利润。我们先谈一下顾客的固定思维，当我们出去购买牛奶时，一般的心理的价位是 1 元左右一小袋，或者稍贵些；当出现 8 毛这样的价格时，会有部分顾客被吸引购买；但如果突然降到 2 毛一袋，我们会开始担心，这牛奶能喝吗？

同样的固定思维体现在很多地方，比如一件 T 恤 50 元，一件外套 200

元，一套西服 500 到 1000 元等，由此表明，不同的商品其最受信赖的价位也不同。

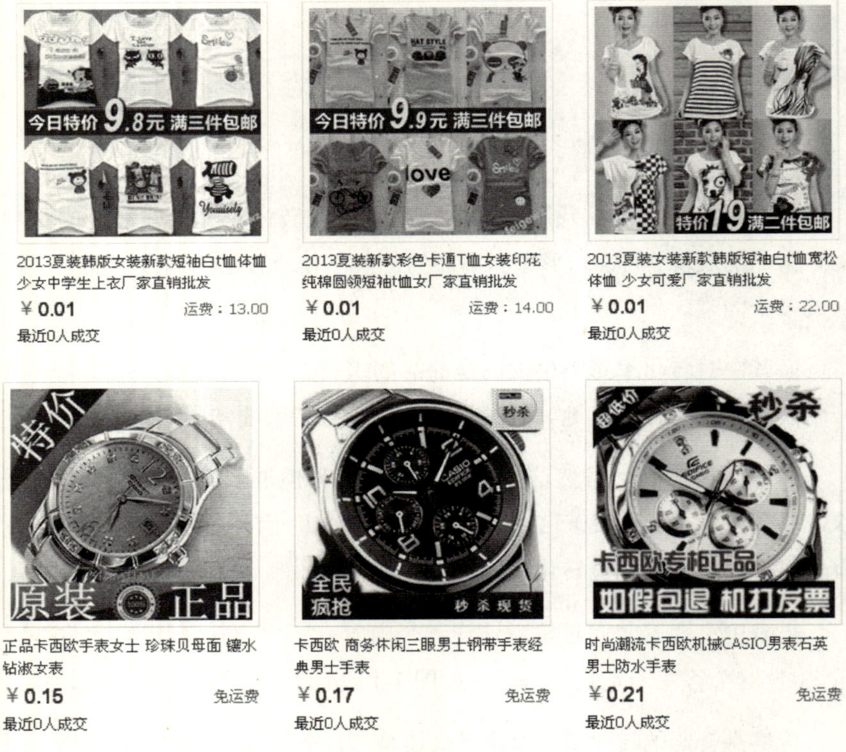

图 1-12 低价格无销量

当我们店铺运作的健康时，无论是小幅度的降价还是小幅度的提价，只要找对时机，都会让店铺的转化率提升。

另外，现在有很多软件也可以帮助我们来计算转化率，如淘宝后台的量子恒道店铺经这一免费的数据软件，就给我们提供了很多快速掌握浏览转化率的方式，如图 1-13 和图 1-14 所示。

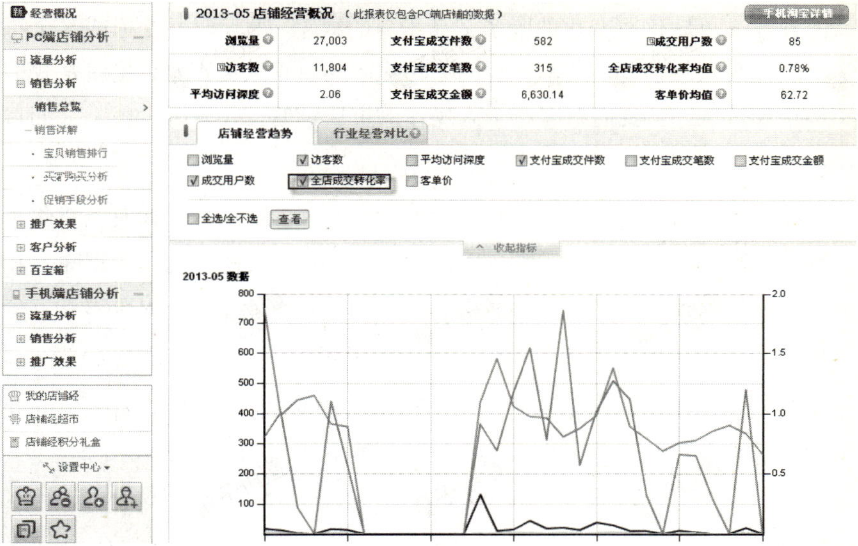


图 1-13 量子恒道查看全店成交转化率

图 1-14 量子恒道查看宝贝页成交转化率

接下来我们来介绍询单转化率，询单转化率其实就是顾客询问订单后转化为实际购买的比率。这里也举个简单的例子，如某实体店有 10 位顾客进店，其中有 5 位顾客咨询了店铺的营业员，然后在营业员的导购下，最终有 1 位顾客购买了商品。那么询单的人为 5 人，购买的人为 1 人，而询单转化率即为五分之一，也就是 20%。

导致询单转化率变化的除了产品本身的缺陷，如尺码不合适或某个特定的颜色尺码缺货外，基本影响询单转化率的就是人为因素，也就是我们的销售和客服。当我们只有一个人操作淘宝店铺时，人为因素就是我们自己。

淘宝客服可以有效地提高店铺的整体转化率，同样淘宝客服也会将本来准备购物的顾客得罪走。那么是否有有效的方式去统计这一数据呢？和前面的转化数据一样，有适合前期顾客不是特别多的方式，也有第三方公司制作的专门做询单统计的工具。

如何去统计询单转化率，在初期生意一般的时候，可以查看当日旺旺聊天的总人数，知道有多少人询单，然后再看下当天有多少人拍下宝贝，最后做一个比数，即获得了询单转化率。如图 1-15 和图 1-16 所示。

当我们雇用了很多客服时，就可以利用这种方式去做对比。当然更简单的方式是直接购买统计工具，如赤兔名品（软件名）等，如图 1-17 所示。

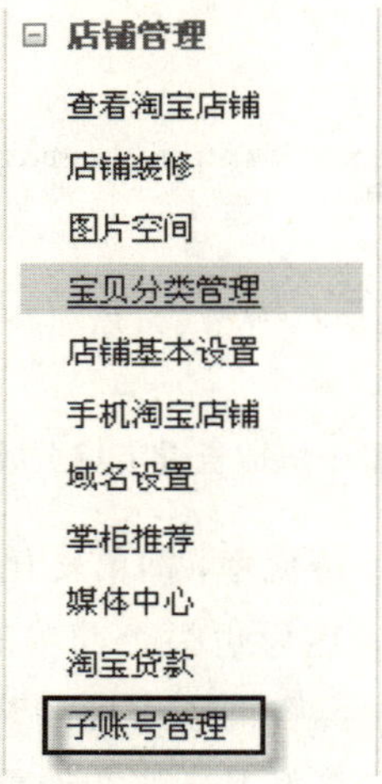


图 1-15　进入“子账号管理”，可查看聊天客户

图 1-16　查看旺旺聊天记录

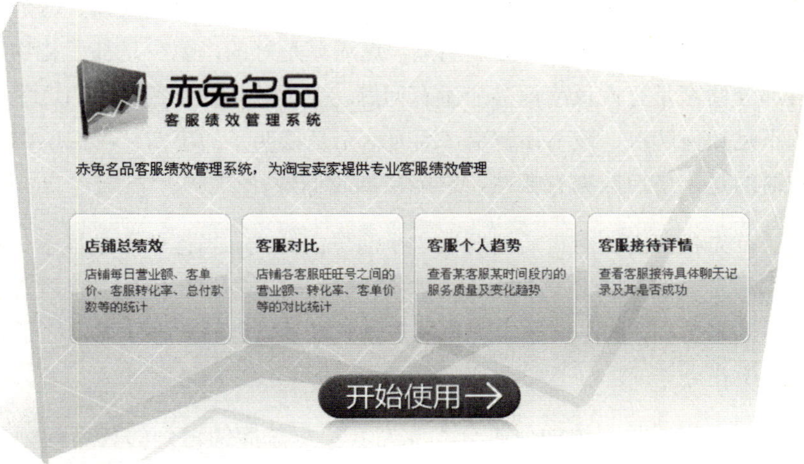


图 1-17　赤兔名品——客服绩效管理系统

## 1.4 售后数据

当我们知道了来了多少人、买了多少东西这些前期的数据后，另一方面的数据在一般情况下，被关注的就比较少了，但并不代表这些数据不重要。对于店铺的健康成长而言，这些数据必须要谨慎、客观地对待，这就是售后数据。

很多店铺售后数据的采集和分析都是随意而混乱的，并且售后的处理方式也是原始而粗暴的。对于售后的处理大部分商家是亡羊补牢型，即哪里出现问题，哪里解决。

今天某件衣服有位顾客反映有质量问题，然后就给这位顾客补个礼物，下次出现，继续补个礼物，也不管这个商品为何有人反馈、这个商品的质量问题有多严重，等等。当然，这还算是好的，至少是补了礼物，还有部分商家是有人反应商品质量有问题，拒不承认的。当然我们这里讨论的不是如何解决、该不该解决，因为这个是摆明了的事实。我们现在需要知道的是，售后数据有哪些，它能帮助我们做什么。

首先我们需要对售后问题做一个简单的分类。当订单不是很多，或许我们只是在兼职操作店铺时，这些数据对我们的帮助不大，但是当店铺销量越来越高，商品问题出现地越来越频繁后，售后数据才显示出了它的魅力所在。

那么售后数据该如何去分类呢？其实每家店铺遇到的售后问题都不一样，类目之间区别更大，这里以服装类店铺为例。例如，我们正常营业的一个月中，退货有 30 笔，那么平均每天的退货率就是 1 笔。当和每天的销量去对比后，就能得出我们真正的销量，这样我们就可以更加精确地去准备库存，如每天的销量平均是 5 笔，去掉退货后，那么每天实际销量就是 4 笔。

除了退货率，我们更应该做的是退货原因调研。因为不同类目的店铺售后问题不一样，那么继续刚才的举例，这个服装类店铺一个月退货有 30 笔，具体退货原因有哪些？我们来假设一下，如表 1-1 所示。

针对表 1-1 中的问题，可从两方面解释。首先是如何去采集数据，其次是如何去利用数据。

不管你的店铺是自己在做客服，还是雇用客服来做，我们都可以利用一些方式来做售后数据采集。首先可以从顾客第一反映的客服那里来做采集，当然有的店铺是有专门的售后专员的，那么让售后专员处理会更加方便。

**表 1-1　退货原因**

| 退货原因 | 退货笔数 |
|---|---|
| 不喜欢，穿着不合适 | 10 笔 |
| 产品质量问题 | 10 笔 |
| 尺码不合适 | 5 笔 |
| 色差 | 3 笔 |
| 其他 | 2 笔 |

采集的方式一种是可以做成电子文档，即做成现成的表格去填写；另一种方式是利用售后处理单，首先在每个发出的包裹中必须放置准备好的售后处理单，为了更加方便顾客的操作及我们后期的统计，建议在制作售后处理单时做好详细的问题罗列，而顾客只需要打钩即可。如表 1-2 所示。

**表 1-2　售后处理单**

亲：麻烦您在您遇到的主要问题后打钩！

| | | | |
|---|---|---|---|
| 1．不喜欢，穿着不合适 | ✔ | 5．与想象不符 | |
| 2．尺码不合适 | | 6．商品错发、漏发 | |
| 3．商品有色差 | | 7．客服推荐失误 | |
| 4．商品有质量问题 | | 8．其他 | |

通过表 1-2 可以回馈顾客遇到的问题，获取的方式非常简单。如果顾客是退换货的，那么要求顾客填写表 1-2，并随包裹发回反馈表；如果不需要退换货，直接做经济补偿的，那么由客服人员进行填写。最后在一定期限内，进行回馈统计，得到类似前文所说的数据。

得到数据后如何分析和利用呢？其实也非常简单，我们还用前面提到的表 1-1 来进行实例分析。

通过实际的数据统计，我们得到的答案肯定是不尽相同的。实际产生的问题，应该灵活分析。一般情况下，应从售后问题最多的开始分析和解决。

如表 1-1 中，问题最多的两项是，不喜欢，穿着不合适及质量问题，这两个问题首先是根据严重性对比，一定是产品质量问题需要优先去解决。因为不喜欢这个问题是最难解决的，顾客对商品的喜爱与否非常的有主观性和灵活性。

假设某件商品单独体现出“不喜欢，穿着不合适”这一数据非常高，那么我们应该去分析是否这个产品本身，或者产品描述出现了问题。

这里简单的就“不喜欢，穿着不合适”这个问题的一般情况来进行分析，当然各行业各类目经营的商品不同，但分析方式可以同样去借鉴。

一般穿着不合适除了已经分开的尺码不合适外，我们可以想象我们自己在网络购物时影响我们必然会退货的原因。

- 穿着确实不好看：这个问题是产品设计及个人适应问题，如果商品是时尚款，则问题较难规避。
- 穿着没有想象中的好：有句话说得好，人的想象力是无穷大的，那么衣服上身后和描述中展示如有较大差异，那么类似的问题自然会变多和放大，此时应考虑是否是我们的商品描述中出现了误导消费者的图片或文案。

- 别人说不好看：实际上这类问题遇到的也比较多，当出现这类问题时，通常可以判断购买者是比较无主见的，这类问题应该多在售后客服中尝试解决，如建议多搭配、多找人参考等。

综上所述，本章提出了 3 部分数据可供我们参考。

- 访问数据：查看店铺来了多少人，看了哪些商品。
- 销售数据：查看店铺的销售状况，哪些商品是热卖的，哪些是滞销的。
- 售后数据：查看影响商品售后问题的主要原因，进行分析解决。

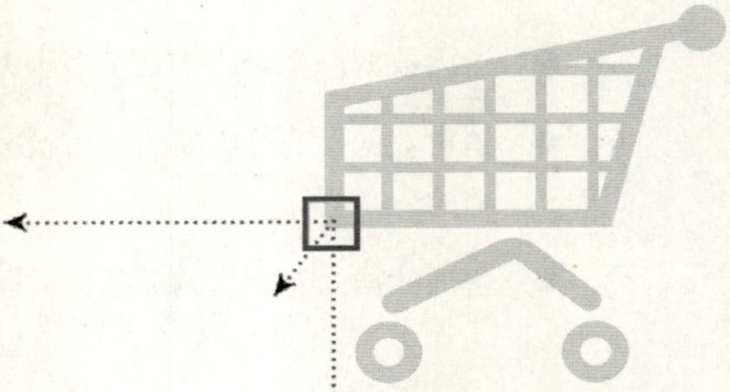

# 第 2 章

# 商品

## 2.1 商品展示基础

与实体经营不同，网商将商品在网上展示，之后再通过物流将商品递送给顾客，缺少了传统经营中很重要的一部分感官感受，即商品实际拿在手中的感觉。当顾客在实体店铺中进行购物时，服装可以试穿、食品可以试吃、手机、数码电器等都可以进行操作和试用，但在网上购物时则缺少了这部分体验。

当然这并不影响现在的电子商务发展，因为很多商家都通过各种方式展现出了自己商品的特色，让顾客有更多的感受。

但我们了解的电子商务的商品展示，大多仍然是靠一块屏幕去展示，或大或小，基本都只能是看。虽然现在已经有部分店铺是通过视频展示商品，同时有声音可以去听，但基本仍然是靠顾客的一双眼睛去看。

那么顾客看的是什么呢？

我们先从淘宝网的购物习惯来看顾客的购物路径，当然路径有很多，这里仅列出几个较为常见的购物路径供读者参考。

## 2.2 顾 客 入 口

顾客寻找商品的路径，这里我们简单地称之为顾客入口，较为常见的顾客入口有以下 4 个。

1）搜索：通过搜索获取同类商品，进行对比选购，如图 2-1 所示。

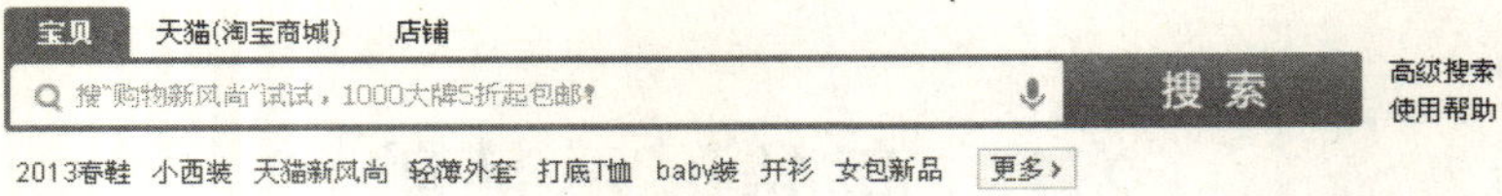


图 2-1　淘宝网搜索栏

2）类目：通过类目进行细分查看，进行对比选购，如图 2-2 所示。

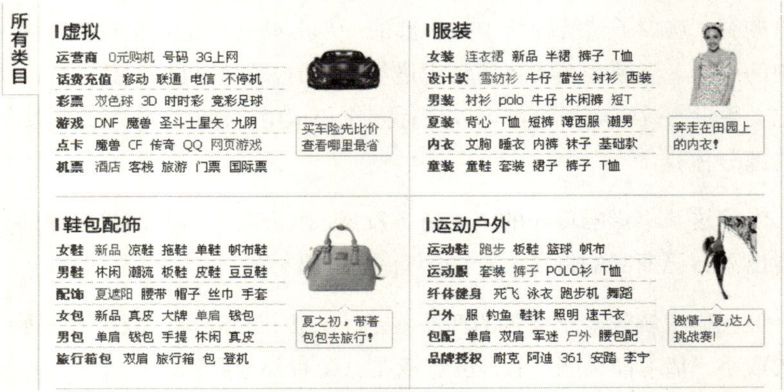


图 2-2　淘宝首页的部分类目

3）广告：通过广告进入店铺或单品页进行查看购物，如图 2-3 所示。

图 2-3　淘宝首页的广告位

4）后台：通过查看已买到的宝贝或收藏进行购物，如图 2-4 和图 2-5 所示。

图 2-4　买家后台——已买到的宝贝

图 2-5　买家后台——收藏夹

对比上述 4 个入口可以发现，搜索与类目是较有目的性的顾客进行购物的习惯，当我们想要去购买某种商品时，我们大多会进行搜索或类目选择。相对而言，搜索比类目的选择比例更大。

而点击广告的更多是冲动型购买，当然现在很多广告投放的非常智能，如曾经浏览过某类商品，那么很可能会给浏览过某类商品的顾客展示同类商品的广告。当然也有商品主题活动，如国庆、圣诞等节日的特定广告进行的消费诱导。这类入口会更加的直接和猛烈，但一般的中小网商较少使用这种方式去获取顾客。

后台这里一般指的是已买到的宝贝，以及买家的收藏夹，或者购物车。此类浏览，基本都是老顾客或者是第二次以上进行的商品浏览。

简单地介绍了顾客的入口之后，那么从最容易着手的方面来看一下我们该如何去做。虽然入口很多，但是搜索这部分是我们最容易上手，也是最应该去优化的地方。这里我们把没有投入费用而自然进入店铺的流量称为自然流量，除了广告外，上述的 3 个入口，都可以被称为自然流量。

下面做一个模拟购物，假设我们需要买件女装，这时候通过网站主页的搜索框进行搜索，就会出现各类商品的展示。如图 2-6 所示。

图 2-6　搜索女装后，出现不同属性的各类商品

这时我们会发现太多商品都不是我们需要的，我们会去尝试增加关键词，进行更多的搜索，如女装 连衣裙、女装 新款等，从而缩小范围来选择商品。如图 2-7 所示。

图 2-7　缩小范围后相同属性的商品

当模拟顾客寻找商品时，我们知道顾客是通过搜索关键词，到达我们的商品页面的。也就是说，你的商品能否被人发现的关键是顾客是否能搜索到。

这里先介绍下搜索的 6 种排序，由于淘宝网的变化、更新非常快，因此这里给大家介绍的是近期的排序方法。如图 2-8 所示。

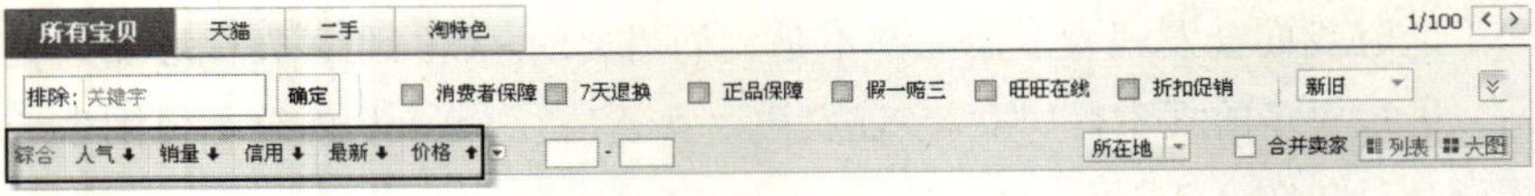


图 2-8　6 种淘宝基本排序

综合：以时间、销量、新品和动态评分等搜索规则进行综合考量的排序方式。

人气：以热卖、收藏和浏览量等人气指数作为排序规则的排序，人气越高，排名越靠前。

销量：仅以销量作为关键字的搜索排序，销量越高，排名越靠前。注意，这里统计的是购买人数，如果一个人购买多件，则仅算一件。

信用：以卖家的信用作为排序规则的排序方式，信用度越高，排名越靠前。

最新：以近期上架新品作为排序规则的排序方式，近期上架的排名会比较靠前。

价格：以最低或最高作为排序规则的排序方式。最低是有最低限度的，行业不同最低限度也不同，低于最低限度不展示。

## 2.3　商品标题

了解了这几种排序方式后，接下来，我们回到商品标题，当然如果标题不准确，那么在上面的 6 种排序里可能得到展示的机会将会小很多。一件商品的标题，也就是可以被搜索到、同时又能展示的商品标题就只有 30 个字。因此，我们需要对商品标题进行优化和改进，以便在这 30 个字里让商品能更容易地被搜索到。

当然首先我们应该了解自己的商品，并对我们现有的商品进行命名，同时罗列关键属性。

商品是什么、商品的品牌、商品的特性和商品的型号等，尽量将商品的词多罗列，同时进行分类，并做成一张词表。

当我们将商品的属性关键词进行罗列后，再从以下4个方面进行解读分析：

- 是否能被搜索到
- 标题的可阅读性
- 标题的点击吸引度
- 店铺标题整体性

下面我们对上述4方面一一进行分析和解读。

**1．是否能被搜索到。**

顾客要购买商品时，搜索的关键词首先是商品本身，要买手机，就搜索手机；要买服装，就搜索服装。有时我们会用更多的关键词去进行搜索，比如手机是什么品牌、什么型号的，服装是什么款式、什么效果的，等等。而要知道这些，我们需要从两个方面来进行操作，读者可以选择适合自己的方式。

要想通过分析顾客的搜索习惯，从而获取商品关键词，首先需要了解顾客的搜索习惯，个体之间的搜索习惯一定是有差别的，但是目的相同。

购物者在进行关键词搜索时，操作的方式非常类似，并且有规则。

比如在所有服装中，又分各类子项目，子项目中还有子项目。服装中有男装、女装和童装。女装中又可以根据款式分，或者根据用户群分等，这样可以不断细化自己的商品关键词。

但有些词语虽然很好，但几乎没有人搜索，这类词要尽量避免，如流行、时尚和优美；而显瘦、修身等词语则拥有更直观的感受，所以更加容易被顾客搜索。这样我们可以简单地做个总结，将那些和商品相关，同时顾客愿意搜索的词语组合成商品名，则会更容易被顾客搜索到。同时当搜索相应关键词时，淘宝系统也会给出细分类目，可以作为关键词参考，如图 2-9 所示。

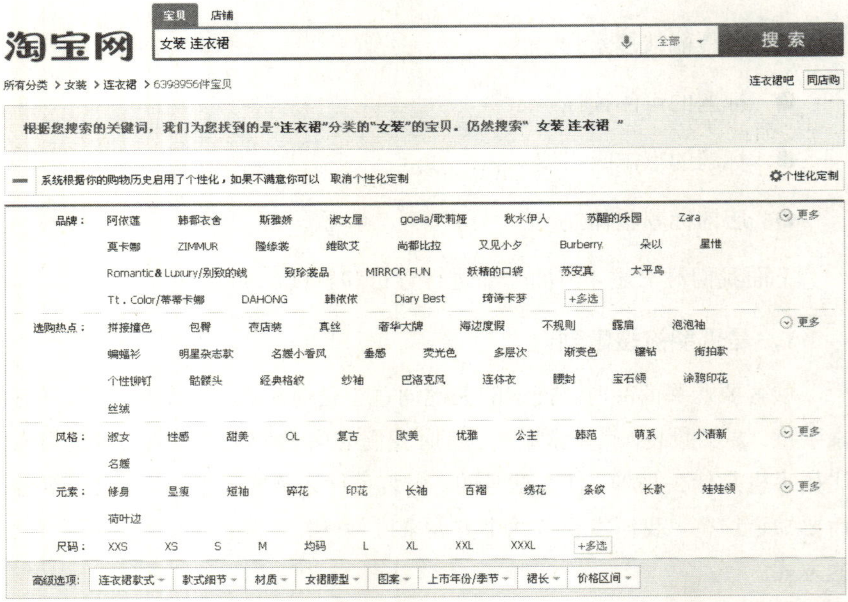


图 2-9　搜索关键词自动出现的关键词表

2．分析现有热卖商品。

除了分析顾客会怎么搜索外，另一种方式是自己模拟顾客进行搜索。假设我们自己的店铺商品是女鞋，那么搜索女鞋及相关词语，会得到很多商品，而这些商品中排名比较靠前的商品的标题命名方式，则是我们可以去借鉴的。如图 2-10 所示。

图 2-10　可被搜索到的相关商品

找到这些商品后，我们可以从这几个商品中寻找比较适合自己的某件商品，把这件商品的名称作为我们命名商品的参考，然后对自己的商品进行类似的命名。这样我们就用了非常简便而偷懒的方法得出了比较保险的商品名了。当然这类商品名可能有各种各样的问题，而如果这件商品本身命名出现了错误，那么我们也可能跟着出错。

### 3．标题的可阅读性。

一个商品标题在被搜索到后，它有没有被点击，这可能是我们较难把控的。而当我们的目标顾客在搜索和浏览商品时，他（她）是否会点击你的商品，很多时候是没有特定意识的。那么在这种潜意识的行为中，我们就需要做一些斟酌。

现在很多店铺为了增加搜索量，非常喜欢用关键词的堆砌作为商品标题。如图 2-11 所示。

包邮帽子女春秋韩版时尚蕾丝帽海军帽冬天船长帽女士贝雷帽平顶帽

防紫外线草帽遮阳帽女夏天韩版沙滩帽可折叠两用防晒帽潮女士帽子

图 2-11　常见的关键词堆砌的商品标题

这种方式进行的增加搜索，确实有部分情况是有效果的，但当顾客面对无数这种关键词堆砌时，如果商品主图也没有什么特别的，那么顾客基本会一眼而过。在这里笔者想说的是，并非舍弃关键词堆砌，而是我们是否能找到更好的方法，让我们的商品既能被找到，又让顾客看了很舒服，愿意去点击。

而这其实就是前面给大家介绍的标题的可阅读性，当一个商品的标题，充满了无意义的堆砌时，确实让人失望和厌烦，而进行重组后，则会有非常好的效果。

标题的可阅读性，可以从类似造句来理解，中间可以加空格来强调。如图 2-12 所示。

图 2-12　相对优化的阅读性较好的商品标题

将关键词进行分组，变成三个维度后分别阐释，类似这样的处理就是增加标题的可阅读性。

**4．标题的点击吸引度。**

当标题能被搜索到，同时也已经有了相应的可阅读性处理后，这时我们的标题还能进一步优化的就是标题的吸引度了。虽然在整体搜索后商品非常多，而顾客是用超快速的方式来扫视的，但仍然可以做一些合理的吸引词汇。

如图 2-13 所示。专柜正品、现货、特价等类似词汇都是属于提升吸引度的词汇。当然还有包邮、秒杀、大促等类似词。

专柜正品 珀莱雅 新柔皙炭黑美白面膜120g 去黑头 去角质清洁修复

现货~Clarins娇韵诗清透美白柔肤水(丰润/清爽)200ml ~(化妆水)

特价 台湾松竹正品脱丽露 美白祛斑去皱 精华五件套装 买1赠4包邮

图 2-13　拥有提升吸引度的商品标题

这些吸引词汇在实际应用中一定要与商品本身相匹配，如写上包邮，那么在商品的设定中，就要设定好卖家支付邮费，必须是为买家包邮的；而写上正品的话除了商品本身确实是正品外，商品的页面中也要有类似的正品说明来迎合标题，那么就有了整体的统一性了。

### 5．店铺标题整体性。

前面提到商品的标题与商品页面中有统一性，那么在整个店铺中，如果能做到统一性的话，这个商品标题就更加完美了。如图 2-14 和图 2-15 所示的图片展示的标题，图 2-14 一眼就能看出是一个有规律的统一性的商品的标题，而图 2-15 则只是做了关键词，并没有做整体规划。

图 2-14　有统一性的商品标题

图 2-15　无规律性的商品标题

当从以上4个方面进行操作后，就基本完成了商品标题的设置和优化。当然，只为商品标题做一次优化是不够的，还需要通过不断地调整来进一步改善商品标题。

## 2.4 商品图片

在前文阐述过，通过数据我们可以测试出这个标题的命名是否达到了较高的水准。当然除了标题外，我们的商品图片也是影响流量的必要因素之一。这里所说的图片是商品的第一张图，也就是对外显示的第一张图片，一般我们称为主图。

当搜索到非常多的商品时，顾客点击哪一件商品，实际上是一种潜意识行为，操作点击时，大多数时候不会去考虑要点这件、不点这件这类思考。而是几乎想都不想直接就点击了。而究竟为何点击了这件商品，其实根本没有去想太多。

形成这种潜意识的感性行为，是否是我们的商品图片的作用呢，事实上正是如此。绝大多数顾客在逛淘宝时，搜索后的点击都是散乱而且不规律的。我们仔细从顾客的角度观察，以及自己去模拟顾客购物行为时就会发现，实际还是有规律可循的。下面两种规律是我们常见的顾客点击图片的规则，读者可以根据自己的实际需要来参考应用。

第一：主题明确。有时候我们在为自己的商品拍摄图片，或找摄影公司帮我们拍摄图片时，最多考虑的是拍得美不美。当然图片拍摄的美观是我们的基本要求，但是图片的主题明确，却被很多中小网商所遗漏。

其实主题明确就是你是卖什么的，用纯粹的方法展示自己的商品，尽量放弃一些为了美化而刻意进行装饰的图片。如图 2-16 所示。

图 2-16　两种不同商品的主图展示

左图就是为了美化而刻意装饰的商品图，而右图则是最纯粹的展示商品。

可能很多读者会认为，左图更加吸引人，又有文字又有图片，还有各种装饰。但是在顾客快速浏览时，一张一张仔细浏览图片的情况是非常罕见的。越纯粹的图片，反而点击率越高。

第二：与众不同，即图片的差异性。举个例子，别人的图片都是白色的，你用红色展示，那么你的商品的点击率就会比其他人稍高，反之亦然。如图 2-17 所示。

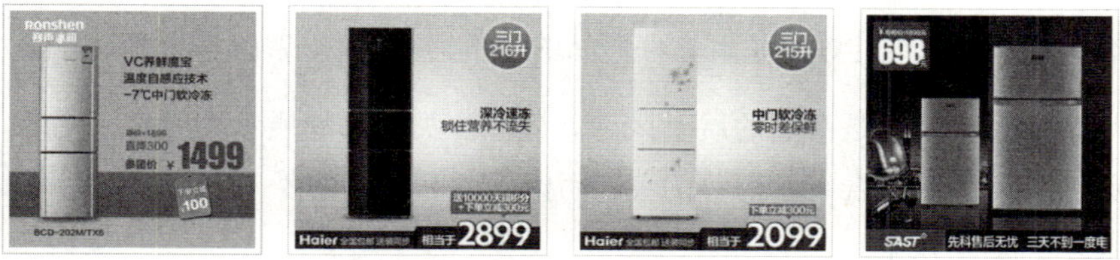


图 2-17　改变背景后和同类商品的对比

如图 2-17 所示，虽然白色家电，用纯白色或者深黑色更加能体现商品的特点，但当出现反差较大的图片时，大多数顾客必定会被这张橙黄色底色的图片所吸引。除了商品的底色，商品的位置摆放、图片的构图等，只要能与同行做出相应的区别，自然能增加图片的点击量。

接下来我们来谈一下商品描述，当我们的顾客搜索到了商品，然后又点击进入了页面，最后进入了商品页面，那么决定购买的因素除了商品的价格和商品本身是否是顾客所需要的这两个最大的因素外，决定购买的剩余原因，基本是靠商品描述了。

## 2.5 商品描述

在商品描述中，无论是商品的图片展示还是商品的文案，都需要从不同角度满足顾客的需求。当点击到你的商品页面时，如果顾客愿意去浏览，那么他（她）必定是想从描述中得到某些东西。

顾客想得到哪些内容呢？我们从三个维度来进行阐述。

第一个维度是商品描述的基本内容。商品基本内容是商品最重要的内容，无论是哪种商品，这都是最基本的，如服装类商品的材质、尺寸，电子电器类的参数、级别等。每个行业每件商品都是需要把这部分内容展示给顾客看的。基本资料的展示需要注意的是，对于顾客而言，你展示的内容是否能快速地让顾客了解这件商品的基本情况。如图2-18和图2-19所示。

第二个维度是商品的展示风格。当然各类商品的展示维度是不同的，如女装商品更适合展示商品的美，而电器商品展示的是专业，功效类商品展示的则是效果。

以淘宝相对比较热卖的商品女装类为例，商品的展示风格可以进一步细化，如果是偏向年轻女孩的，则展示的应该是青春活力。如图 2-20 和图 2-21 所示。

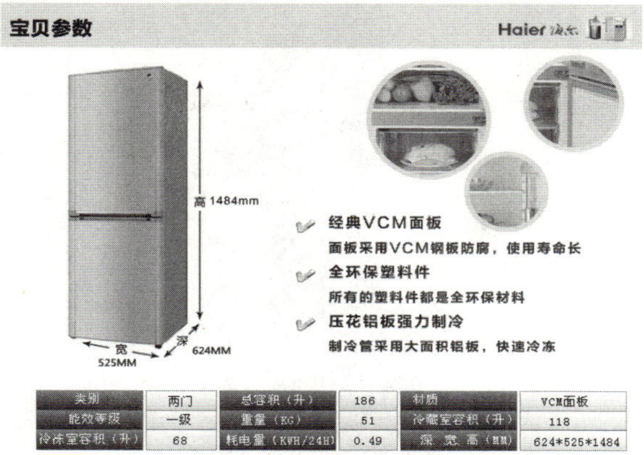


图 2-18　电器宝贝基本内容描述部分截取

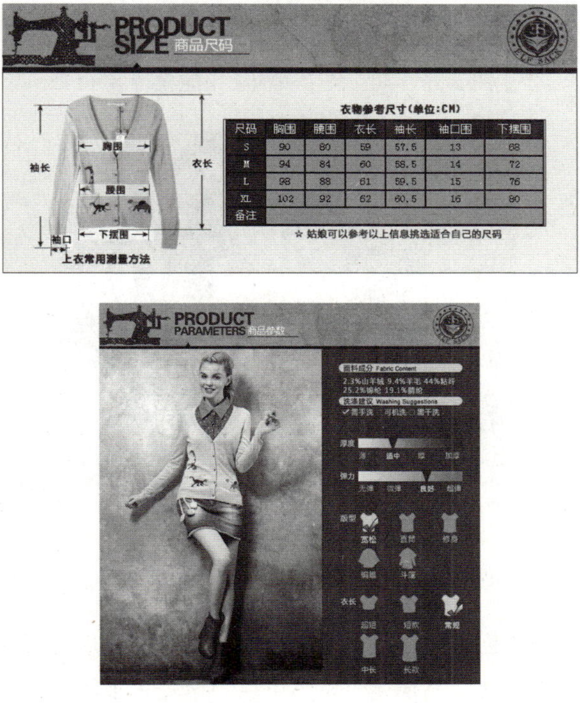


图 2-19　女装宝贝基本内容描述部分截取

图 2-20　某女装宝贝描述中的模特展示

图 2-21　某女装宝贝描述中的模特展示

无论从哪个方面去展示商品特点，都需要注意的是与顾客群的需求是否一致，所以在设计商品描述时，你可以尝试先去了解自己的顾客。同时从顾客角度来思考基本的展示风格。尽量去了解你的顾客是白领还是小清新、是宅男还是潮男。

第三个维度是描述内容的排序，当上面描述的内容整理完成后，接下来要面对的问题是如何去排列描述的内容。

在电子商务发展初期，内容基本都很简单，顾客对内容的需求也不高。而现在越来越激烈的竞争导致每个商家都想尽各种办法增加了非常丰富的商品内容，内容的繁多导致我们无法确定顾客想要看到什么？

这里从转化率较好的商品中找到一些规则，如服装类可以这样排序：

1．商品整体图片；

2．商品基本资料；

3．多角度模特图片；

4．相关搭配推荐；

5．细节图片；

6．商品售后服务。

上述排序仅作为参考，实际排序一定要根据实际数据来进行调整。某女装的排序方式（仅作参考），如图 2-22 所示。

而护肤品类商品可以这样排序：

1．商品基本参数；

2．商品图片；

3．商品特色；

4．同类对比；

5．使用方法；

6．售后服务。

设计亮点 Design Highlights
1.面料：91%的棉质材料，柔软又亲肤舒适。
2.图案：绮丽花园图烫金印画图案，融合了缤纷的色彩和花朵。
3.版型：显瘦百搭，无论什么风格都能完美演绎。

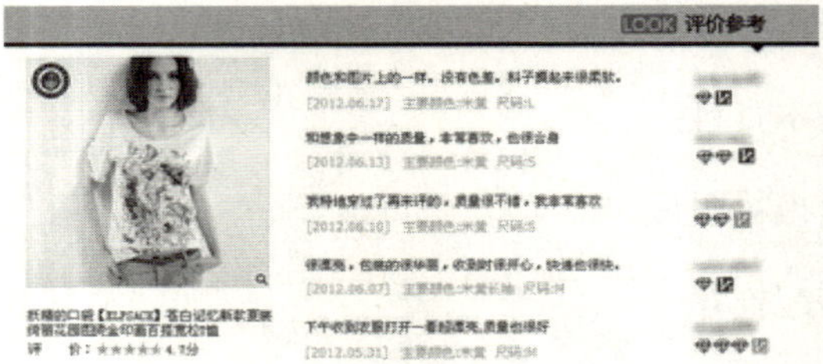
LOOK 评价参考
颜色和图片上的一样，没有色差，料子摸起来很柔软。
[2012.06.17] 主要颜色:米黄 尺码:L
和想象中一样的质量，非常喜欢，也很合身
[2012.06.13] 主要颜色:米黄 尺码:S
我特地穿过了再来评的，质量很不错，我非常喜欢
[2012.06.10] 主要颜色:米黄 尺码:S
很漂亮，包装的很华丽，收到时很开心，快递也很快。
[2012.06.07] 主要颜色:米黄长袖 尺码:M
下午收到衣服打开一看超漂亮,质量也很好
[2012.05.31] 主要颜色:米黄 尺码:M
评 价：★★★★★ 4.7分

图 2-22 某女装商品描述部分截取（仅作参考）

某护肤品的排序方式（仅作参考）如图 2-23 所示。

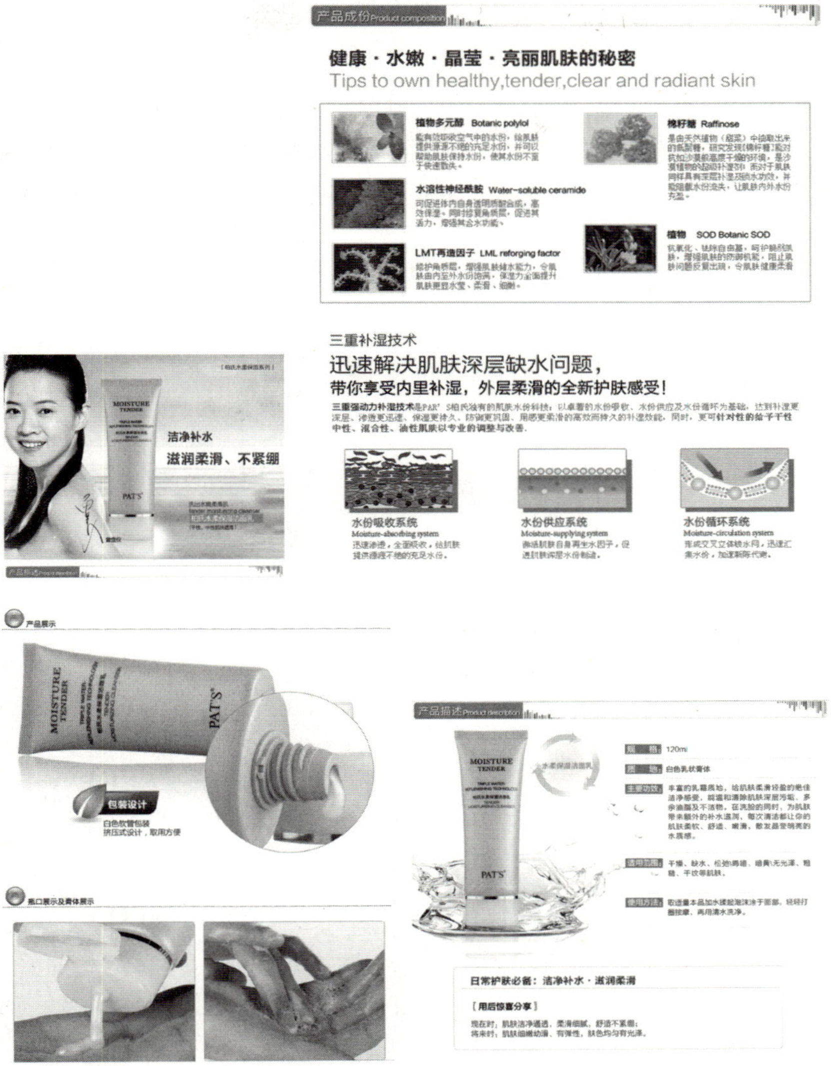


图 2-23　某护肤品描述部分截取（仅作参考）

以上给出的只是众多案例中的一部分，更多的内容排列，读者可从顾客角度去考虑，我国网页的排列规则基本是纵向的，依靠鼠标滚轮或方向键上下滑动来查看页面。

上下页面的重点一般是从上至下排列的，内容越靠上越吸引人，同时也最应该迎合顾客需求。例如，电子类商品基本都是男性购买，因此参数的重要性不言而喻；而服饰基本都是女性购买，那么展示美是必须优先考虑的。

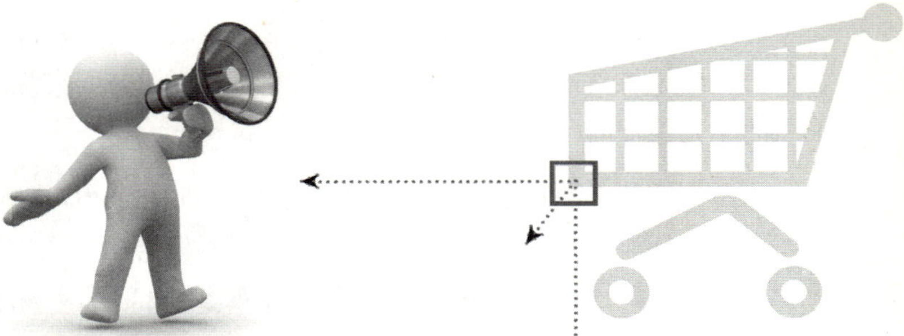

# 第 3 章

# 营销

电子商务高度发展的今天，我们面临着非常严峻的竞争问题。几乎每家店铺或多或少都做营销，而营销这个大概念也并非仅用一章内容就能讲得淋漓尽致。因此本章只是为了让大家了解淘宝的基本营销工具的实际使用情况。

首先，就淘宝网而言，营销工具非常多，而且更新也非常快，既有淘宝官方的营销工具，又有第三方的营销工具。但无论是哪类营销工具，其目的基本是类似的。

本章介绍的 5 种基本工具，每种工具都有不同的功用，适应的店铺也是不尽相同。营销工具的实际购买和操作本书不做阐述，因为操作方式从网上可以找到教程，而学习实际操作也并非难事，在淘宝卖家后台就可以找到，如图 3-1 所示。

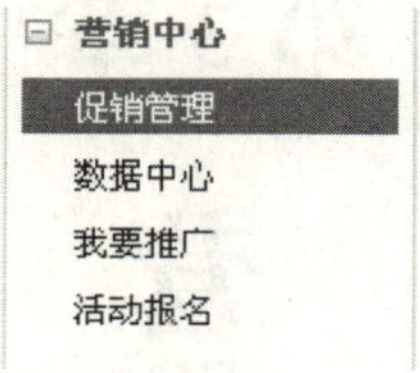


图 3-1　淘宝营销中心——促销管理

# 3.1 搭配套餐

首先介绍的是搭配套餐，从搭配套餐的名字我们就能猜到这个工具的基本概念，即让单次的购买形成套餐式购物。当在店铺购买商品的顾客购买的商品件数较少，或店铺客单价较低时，为了让顾客一次购买多件商品，提高整体客单价，那么搭配套餐就是我们较好的选择。搭配套餐为淘宝官方工具，如图 3-2 和图 3-3 所示。

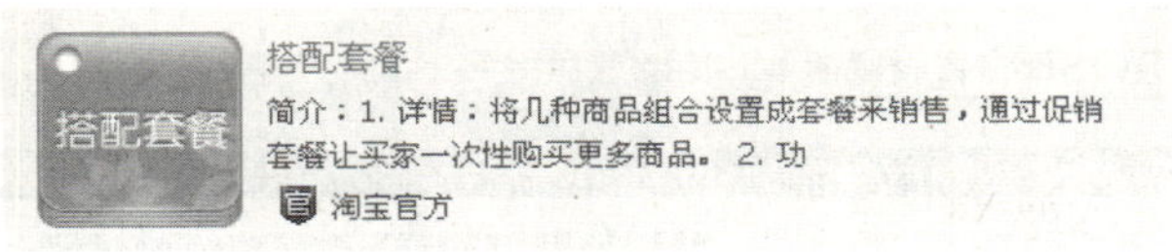
搭配套餐
搭配套餐
简介：1. 详情：将几种商品组合设置成套餐来销售，通过促销套餐让买家一次性购买更多商品。 2. 功
淘宝官方

图 3-2　搭配套餐

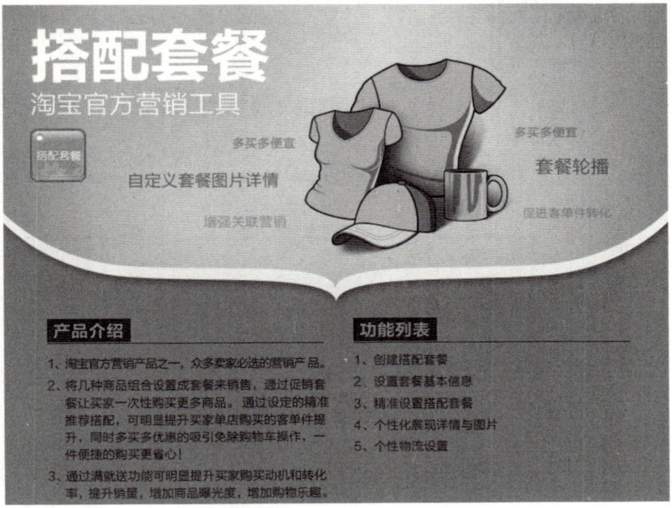
搭配套餐
淘宝官方营销工具
搭配套餐
多买多便宜
自定义套餐图片详情
增强关联营销
多买多便宜
套餐轮播
促进客单件转化
产品介绍
1、淘宝官方营销产品之一，众多卖家必选的营销产品。
2、将几种商品组合设置成套餐来销售，通过促销套餐让买家一次性购买更多商品。通过设定的精准推荐搭配，可明显提升买家单店购买的客单件提升，同时多买多优惠的吸引免除购物车操作，一件便捷的购买更省心！
3、通过满就送功能可明显提升买家购买动机和转化率，提升销量，增加商品曝光度，增加购物乐趣。
功能列表
1、创建搭配套餐
2、设置套餐基本信息
3、精准设置搭配套餐
4、个性化展现详情与图片
5、个性物流设置

图 3-3　搭配套餐官方图文介绍

当然搭配套餐如果促销的力度较大，让顾客感受到搭配购买的实惠时，也有提高购物转化的作用。例如，本来购买一件商品需要花 99 元，而 100 元的套餐就能获得类似的 2 件商品，那么这种多花 1 元钱就能获得更大实惠的感觉，会让顾客难以抗拒。如图 3-4 所示。

而更加深入地去应用搭配套餐，还会发现，搭配套餐能让店铺整体的流量排名适当靠前。比如不做搭配套餐，单独的一件商品，卖出 100 件，那么也就是这一件商品排序比较好，而如果尝试去搭配 4 款相关的产品，那么假设这 100 件商品中其中有 30 件是和套餐一起购买的，那么另外 4 款商品就同时达到了 30 笔的销量。与单独的一件商品卖了 100 件相比，自然是获得了更多的流量。

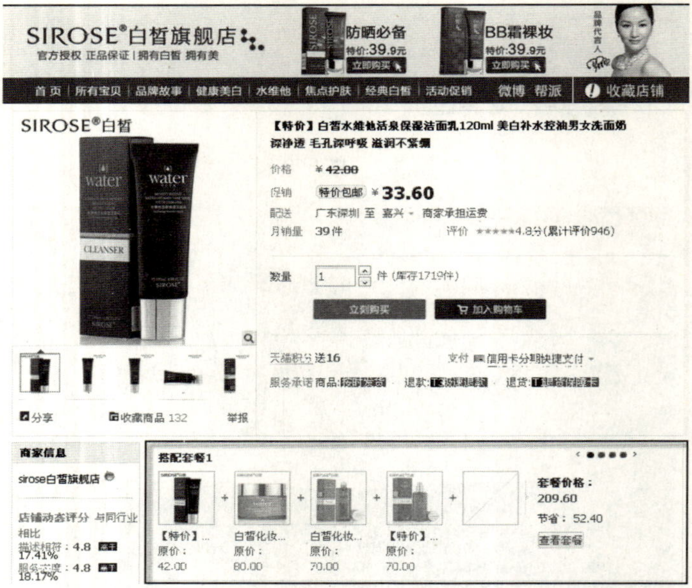


图 3-4 某护肤品店铺的搭配套餐

任何促销工具都有局限性，搭配套餐适用的范围也是有局限性的，不同商家在应用时也有稍许不同。搭配套餐主要是利用商品的关联来进行多件推荐，而多件推荐并非便宜就有人要，笔者见过各种不考虑顾客感受的搭配套餐使用案例，如手机 A、搭配手机 B、搭配手机 C。

这样的搭配顾客购买的可能性会非常小。而刻意去将商品分开再来搭配销售的，实际效果也并不太好，如服装本身是带有腰带的，然后单独把腰带分开销售，这就有点奇怪了。

那么搭配套餐适合哪类商家呢，首先商品本身可以形成不同维度的搭配，同时至少有部分顾客进行过关联购买。例如，小吃零食类就非常适合搭配套餐，很多女孩子购买零食时，这个零食买一包、那个零食买一包这种情况非常多。

而卖家如果能考虑到商品的品类，更好地观测商品款式的话，那么就可以自己去不断打造爆款，如以本地销量最高的商品来带动新品。

还有服饰类、饰品、护肤品等适合搭配的商品，都可以用来搭配套餐，而售价较高的商品使用搭配套餐的效果就不那么明显了。例如，笔记本电脑、手机、奢侈品等。还有一些无法形成搭配的商品，如本身就是配件类的耳机、充电器和服饰腰带等。

搭配套餐在应用时最需要注意的是商品的可搭配性，例如，卖女装的，能形成整套的白领套餐，效果就会非常好。而随意地拿一件上衣去搭配另4件上衣效果就要差许多。同时搭配套餐是给了5个位置，并不是一定要把这5个位置全部用完，适合才是最重要的。有可以形成搭配的，才进行搭配，否则不如不搭配。

当然可以更有想象力的根据节日去设定套餐，如情人节情侣套餐、亲子套餐和圣诞套餐等。搭配套餐设定完成后会拥有专门的页面，可以自己设定套餐名称及搭配介绍。如图 3-5 所示。

图 3-5　搭配套餐页面

# 3.2 满 就 送

促销工具中满就送的主要作用是提升整体客单价。当然满就送还有一定的提高购物转化的作用。满就送为淘宝官方工具，具体内容如图 3-6 和图 3-7 所示。

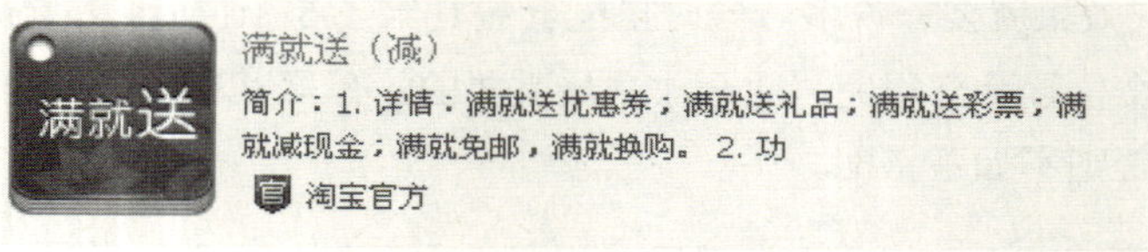
满就送
满就送（减）
简介：1. 详情：满就送优惠券；满就送礼品；满就送彩票；满就减现金；满就免邮，满就换购。 2. 功
淘宝官方

图 3-6 满就送

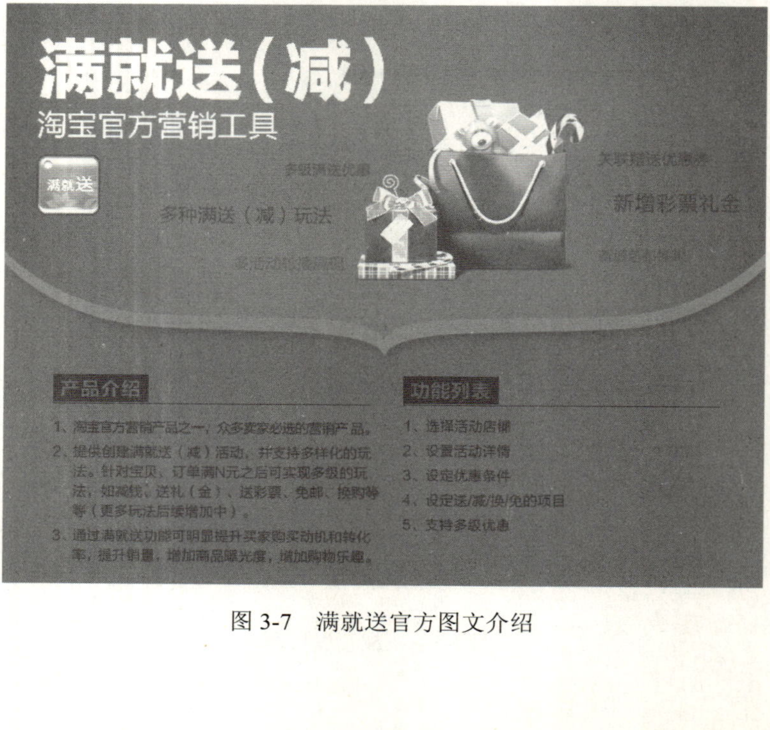
满就送（减）
淘宝官方营销工具
满就送
多种满送（减）玩法
新增彩票礼金
产品介绍
1、淘宝官方营销产品之一，众多卖家必选的营销产品。
2、提供创建满就送（减）活动，并支持多样化的玩法。针对宝贝、订单满N元之后可实现多级的玩法，如减钱、送礼（金）、送彩票、免邮、换购等等（更多玩法后续增加中）。
3、通过满就送功能可明显提升买家购买动机和转化率，提升销量，增加商品曝光度，增加购物乐趣。
功能列表
1、选择活动店铺
2、设置活动详情
3、设定优惠条件
4、设定送/减/换/免的项目
5、支持多级优惠

图 3-7 满就送官方图文介绍

满就送顾名思义就是满了一定额度，赠送某类增值产品，如送优惠券、礼物和现金等。而满就送的应用也非常的广泛，基本整个淘宝网的绝大多数店铺都能应用。

满就送在使用中需要注意的是什么额度送，送什么？对于一个营销工具来说，如果在使用中能更好地做好需求分析，那么使用的效果就能事半功倍，什么额度开始送就是买家的需求分析。

任何形式的店铺在进行满就送设定时，首先都应该了解近期的客单价。客单价在前文中提到过很多次，也就是一个顾客在店铺中花费的金额。那么究竟是什么额度好呢，举个例子，假设近期客单价是 90 元，那么满就送设定多少合适呢？

首先回到最初的目的，即满就送是用来提升客单价的，那么现在客单价是 90 元那么至少要提。

如果不提客单价，那么这个工具使用的结果就是提升转化率了。如果本来 100 个人中有 50 个人愿意花 90 元买一件商品，而如果设定了满就送，可能就有人因为礼物而购买，然后最终有 60 个人购买了这个套餐，那么这就是仅仅提升了转化率。当然这只是个例，实际情况要复杂得多。

那么要提升转化率的同时提升客单价，我们该设定多高的额度呢？设定的太低则提升效果不明显，提升太高则很多顾客可能会被吓走。客单价是 90 元，提到 95 元，那么提升的额度太小了，提升到 180 元，就又太大了。

在多次实测和观察效果较好的满就送中发现，比客单价高出 30%左右的额度是效果最好的。原客单价是 90 元的话，则提高到 120 元左右，那么既能提高客单价，又不会太难以达到。

当然还要和送的东西联系起来，如果送的东西比较好，同时又比较有吸引力，那么额度可以适当提高，如果送的是一些可有可无的小礼物，那么额度可适当降低。

对于满就送这个工具我们该送什么，这里没有一定的要求，当然还是有某些规则可以借鉴的。

例如，额度较小的包邮，适合平时不需要大型促销来用；而有纪念价值的礼物则可以在节日送。同时满就送现在是多级别使用的，例如，刚才所说的客单价为 90 元，那么可以满 90 元包邮来提升转化率，满 120 元包邮加送礼来提升客单价。注意，包邮是买家最爱的促销之一，虽然金额不大，但是效果显著。如图 3-8 所示。

图 3-8 某零食店铺满就送活动

# 3.3 限时打折

在无数促销关键词中，限时这个词是提升转化率效果最好的关键词之一，而限时打折这个工具也就是在一定时间内进行的促销。限时打折为淘宝官方工具，如图 3-9 和图 3-10 所示。

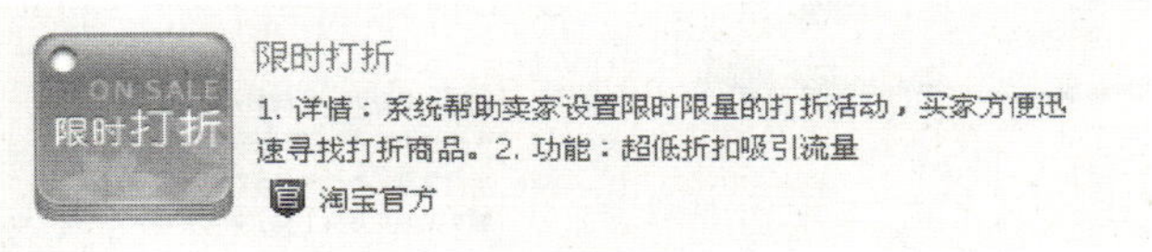
ON SALE
限时打折
限时打折
1. 详情：系统帮助卖家设置限时限量的打折活动，买家方便迅速寻找打折商品。2. 功能：超低折扣吸引流量
淘宝官方

图 3-9　限时打折

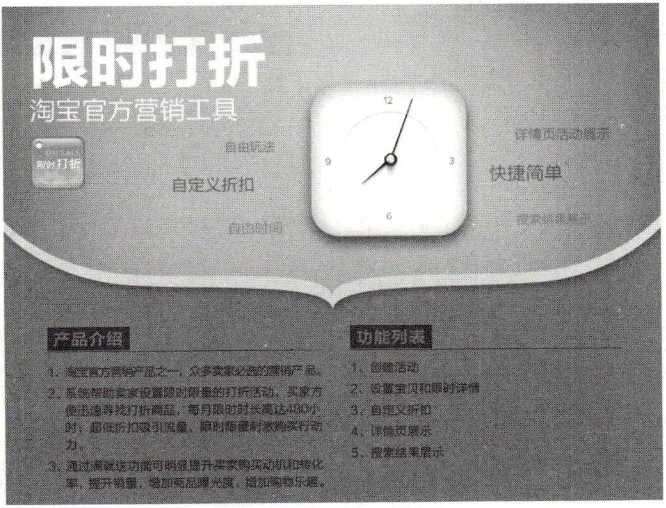
限时打折
淘宝官方营销工具
自由玩法
自定义折扣
自由时间
详情页活动展示
快捷简单
产品介绍
1、淘宝官方营销产品之一，众多卖家必选的营销产品。
2、系统帮助卖家设置限时限量的打折活动，买家方便迅速寻找打折商品，每月限时时长高达480小时；超低折扣吸引流量，限时限量刺激购买行动力。
3、通过满就送功能可明显提升买家购买动机和转化率，提升销量，增加商品曝光度，增加购物乐趣。
功能列表
1、创建活动
2、设置宝贝和限时详情
3、自定义折扣
4、详情页展示
5、搜索结果展示

图 3-10　限时打折官方图文介绍

限时打折适合所有商家，对产品原价较高的店铺效果较为显著，若同时配合一些节日及庆典也非常有效。

在顾客到达某件商品的页面正在犹豫不决时，见到今日特价比原来便宜 10 元，明日恢复价格时，就容易产生购物冲动。限时打折展示方式如图 3-11 所示。

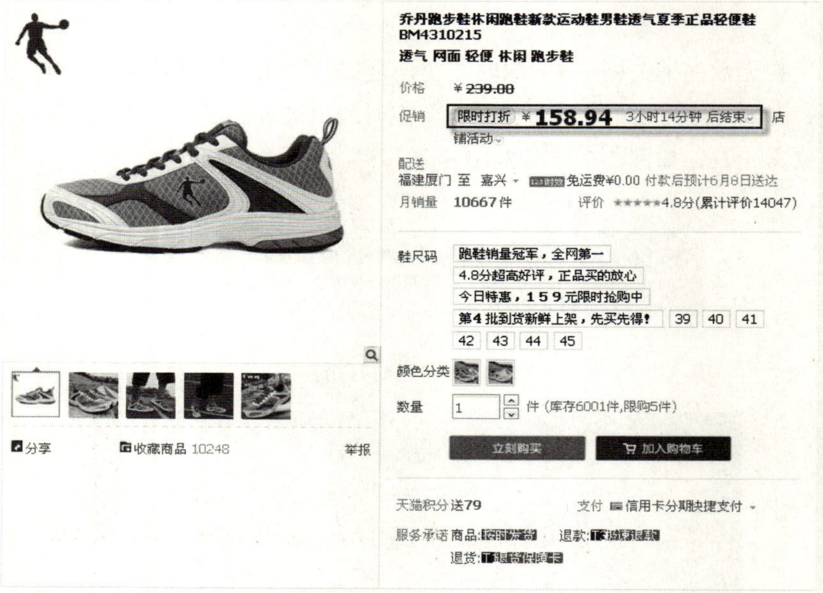


图 3-11　限时打折展示方式

现在不买就错过的感受让限时打折这一工具在使用中效果显著。但限时打折虽然拥有较好的效果，但由于促销价格的变动，让之后购买的顾客有负面效果。如原价 180 元，限时折扣 99 元，当折扣期限结束恢复原价后，本来愿意 180 元购买的顾客反而不愿意购买了。

知道这一问题后，我们就了解了限时打折的局限性。限时打折非常适合准备清仓的商品，如断码、过季的商品等。而对于新品，如果要进行限时促销，就必须要非常小心，额度需要控制，比如新品上架打 8.5 折，这样恢复售价时也不会有太大的负面效应。

# 3.4 VIP 会员折扣

VIP 会员折扣即针对淘宝 VIP 会员的折扣，淘宝的 VIP 会员相对于全部的淘宝用户来说，是主要的消费客户群，这一促销是可以长期设定的，一般来说可以长时间存在。淘宝 VIP 会员成长体系如图 3-12 所示。

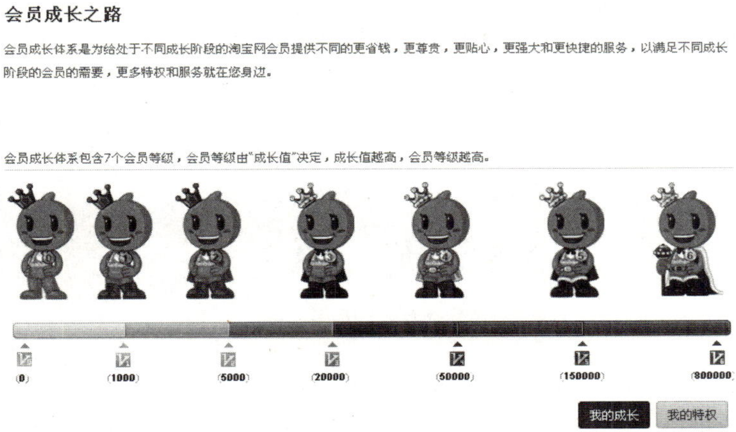
会员成长之路
会员成长体系是为给处于不同成长阶段的淘宝网会员提供不同的更省钱，更尊贵，更贴心，更强大和更快捷的服务，以满足不同成长阶段的会员的需要，更多特权和服务就在您身边。
会员成长体系包含7个会员等级，会员等级由"成长值"决定，成长值越高，会员等级越高。
(0)
(1000)
(5000)
(20000)
(50000)
(150000)
(800000)
我的成长
我的特权

图 3-12　淘宝 VIP 会员成长体系

虽然所有的淘宝卖家都可以设定 VIP 价，但是如果你希望有更多的稳定客户群，那么设定 VIP 价格是个很不错的方式。同时从另一个角度来看，如果你的客户大多是较低额度的新手买家，那么设定 VIP 价格也不一定有效。

因此，如果店铺本身定位较高，且希望有优质客户的则更适合 VIP 促销设定。而设定的额度由于可以是长期存在的，所以折扣的额度自由度较高。也可以作为补充限时打折的平时折扣。VIP 价格展示如图 3-13 所示。

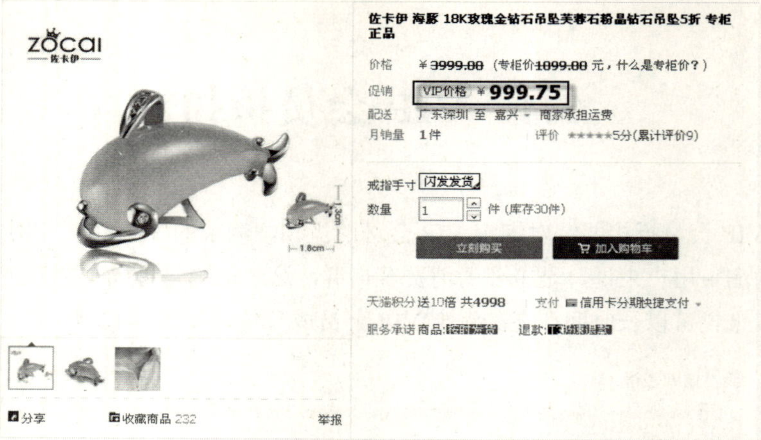


图 3-13　VIP 价格展示

# 3.5　优　惠　券

经常去火锅店的读者可能会遇到过类似情况，去火锅店吃完后送给你一张优惠券，赠 200 元，有效期一个月，然后就再去了一次，结果发现优惠券只能用于付菜钱，锅底、饮料、调料还是要付钱，结果继续吃，吃完发现又给了 100 元优惠券，再去吃还能再给你 50 元的……

上面的案例实际就是优惠券的基本使用方式，以及优惠券的目的。如图 3-14 和图 3-15 所示。

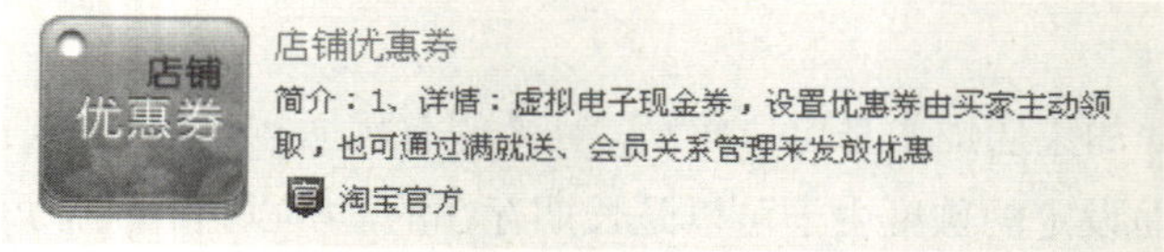


图 3-14　店铺优惠券

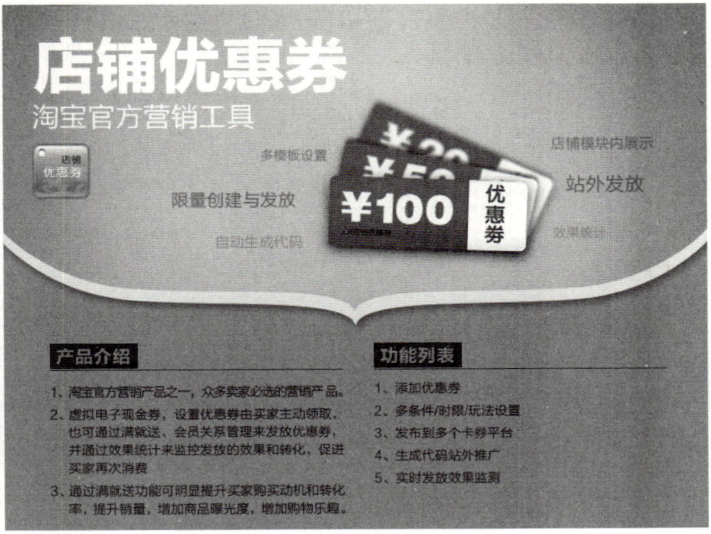
店铺优惠券
淘宝官方营销工具
店铺
优惠券
多模板设置
店铺模块内展示
站外发放
限量创建与发放
¥100
优惠券
自动生成代码
效果统计
产品介绍
1、淘宝官方营销产品之一，众多卖家必选的营销产品。
2、虚拟电子现金券，设置优惠券由买家主动领取，也可通过满就送、会员关系管理来发放优惠券，并通过效果统计来监控发放的效果和转化，促进买家再次消费
3、通过满就送功能可明显提升买家购买动机和转化率，提升销量，增加商品曝光度，增加购物乐趣。
功能列表
1、添加优惠券
2、多条件/时限/玩法设置
3、发布到多个卡券平台
4、生成代码站外推广
5、实时发放效果监测

图 3-15　店铺优惠券官方图文介绍

优惠券的发放形式多种多样，有直接到页面点击就能收到，也有给顾客发放纸质优惠券后兑换，也有购物消费后自动发放，此外还有添加店铺收藏送优惠券、添加微信送优惠券等形式。

这样实际上有的优惠券是消费后收到，也有还没有消费就先拿到优惠券的。当顾客拿到这张优惠券时，在买家的后台有优惠券展示区，等于给了所有拿到优惠券的顾客一个进入你店铺的后门入口，而已经购买过的老顾客拿到优惠券后，则更增加了二次销售的概率。

商品价格较高，且顾客反复购买率低的商品，如大电器、家装产品和家具等商品，建议可以在店铺首页先给出免费领取的优惠券，额度其实不需要特别高，主要是用来提升转化率。

而商品价格适中，反复购买率高的商品，这类商品较多就不再一一举例。可以在购物完成后给出优惠券，让顾客愿意进行二次购买。如图 3-16 和图 3-17 所示。

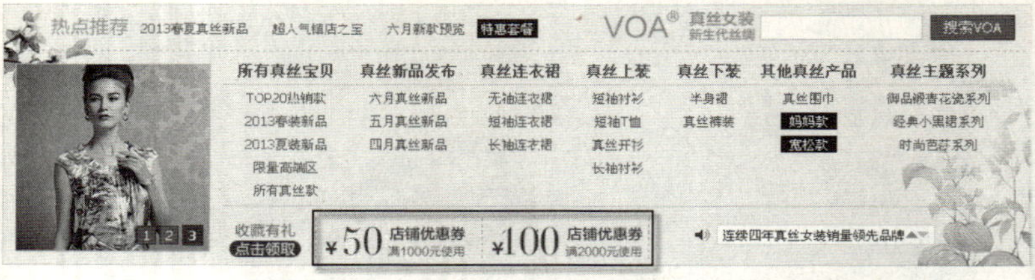


图 3-16　店铺页面的优惠券展示示例

图 3-17　店铺页面的优惠券展示示例

本章主要介绍了淘宝官方的基本促销工具，除此之外，还有第三方的各类促销工具，如图 3-18 所示。

图 3-18　淘宝卖家服务平台专门为卖家提供的各种类型的工具

这里想和大家分享的是，工具要为我所用。我们只需熟悉各类工具的操作方式和促销工具的使用效果即可，那么需要提升客单价时，就使用搭配套餐、满就送；需要二次销售就使用优惠券。工具一定是配合店铺存在的，我们不需要使用所有的工具，但务必要找到适合我们的工具。

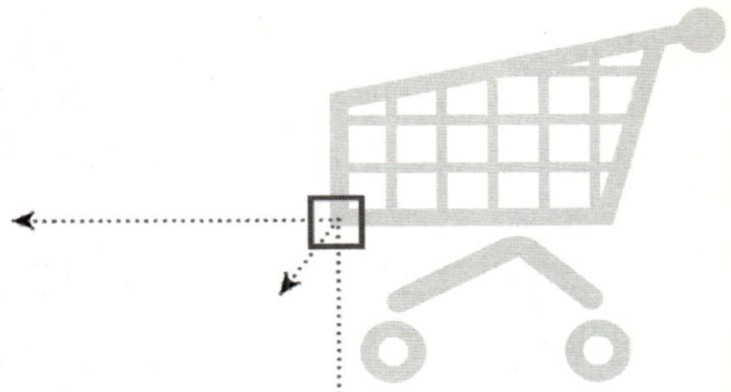

# 第 4 章

# 店铺视觉

当了解了店铺基本的操作，把商品上架，促销也做起来后，那么店铺就该有店铺的样子了。网上店铺和实体店铺不同，实体店铺要店铺装修好后才能摆上商品，而网上可以先将商品上架，然后再慢慢调整店铺的装修。

网上店铺的后台操作也是比较烦琐的，同时操作方式的更新也非常快，所以这里给大家分享的是店铺装修与设定的概念，不是所谓的操作方法。操作界面和操作方式实际上并非难事，而店铺设计的美感和理念才是最重要的。店铺装修后台如图 4-1 所示。

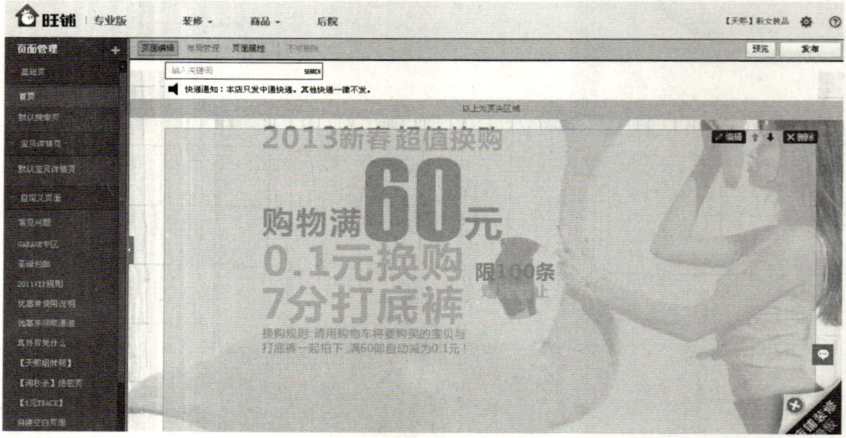


图 4-1　店铺装修后台

在实体店中，我们感受到的是人的所有感官感受，如视觉、听觉、触觉甚至还有嗅觉，到达一家装修华丽、播放着优美的音乐的实体店中，我们可以直观地触摸到商品。

而网上店铺基本只能靠视觉来，虽然在店铺中可以放置音乐和视频，但在网上店铺中音乐的效果甚微，若用得不好，有时还会起到反效果。而视频由于操作的烦琐和适应性，只能适应部分店铺使用，因此本书不再做阐述。

虽然网上店铺和实体店铺有很大的区别，但是从另一方面来看，其实很多方面是有共通性的，如视觉感受。

实体店依靠统一的色彩、别致的环境给顾客个性化感受，而网店也是一样，只是由实物环境变为屏幕中显示的平面环境而已，如图 4-2 所示。在实体店中，产品是陈列摆放的，实际上网店的类目和区域划分也就是陈列摆放。

图 4-2　个性化的网店装修

在中小网商这一群体飞速发展过程中，很多店铺都是无序而混乱的，他们中的大多数都是非专业人士在操作视觉。很多新手甚至从未接触过任何与美术相关的资料和工作就直接上手设计。

所以新手美工在进行网店店铺装修时，用以下两种方式处理的特别多。一种是拍脑门随便设计，做一张算一张，今天想到要加海报就加，明天不想要就删等类似情况。另一种情况是想不出怎么做，就完全照搬别家怎么弄，甚至无法分辨别人店铺装修的是美还是丑，看到哪个拿来就用，最后店铺五花八门，各种颜色、各种不同的促销海报和商品展示，如同乞丐打满补丁的衣服。如图 4-3 所示。

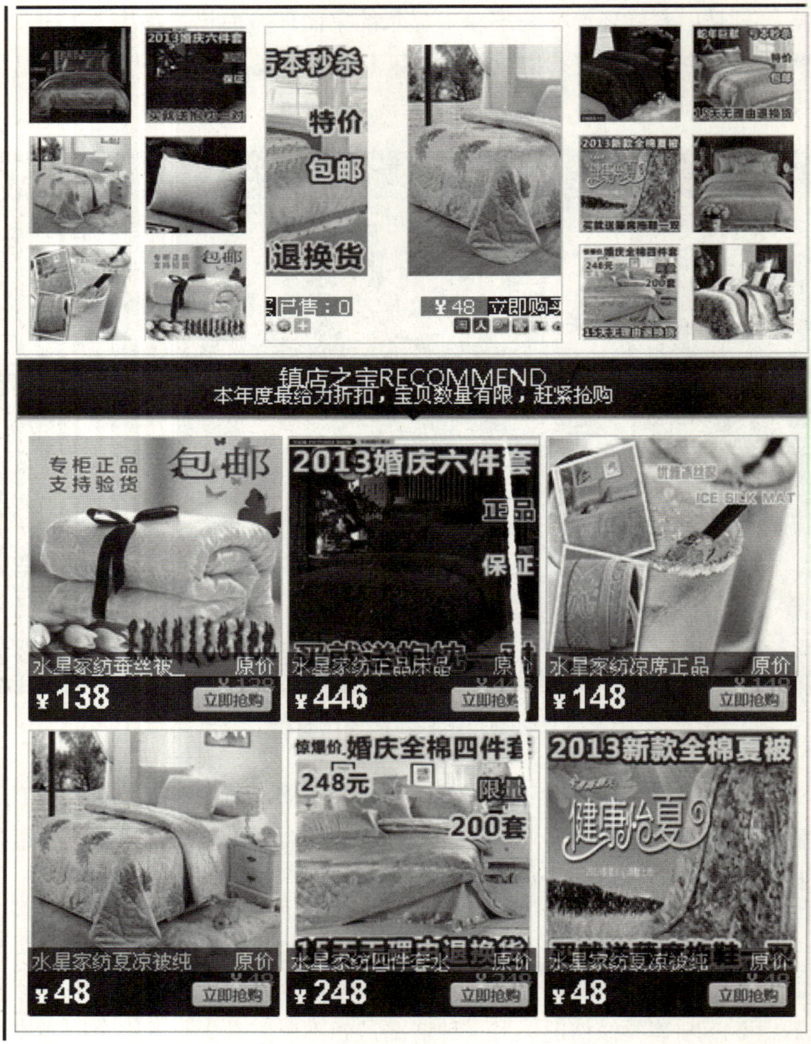


图 4-3　较为杂乱的店铺装修

当然，本书绝非是视觉设计类专业书籍，也没有打算让那些从来没有学过美术的人，看完本章后就能成为高手，这里仅能做到的是让读者快速掌握基本的视觉理念。

# 4.1 色彩风格

每个颜色都有不同的视觉感受，红色热情、绿色环保、黑色神秘等。但绝非是每家店铺都适合的。从用户群来看，如果你的顾客是年轻女性，产品也是活泼可爱的，那么用色可以以粉色、橙色等年轻活泼的颜色为主；如果你的顾客是年纪稍大的成功人士，那么用黑色、棕色这些较为稳健的颜色较好。如图 4-4 所示。

聚划算
抢先收藏
6月6日10点准时开抢
立即收藏
聚
划算
雪纺
连衣裙
5.0折
团购价:199.50
夏天是各色雪纺长裙的世界：轻盈的雪纺连衣裙，在明媚的阳光下，带来一股清凉而又性感的气息。别样轻装，打造今夏清爽 NEW Look。
她的灵动飘逸是一朵羞红的玫瑰，恰似你的温柔。

图 4-4　某女装店铺用色

如果无法找对自己的用色，那么最简单的方式就是去看看自己的同类卖家，挑一些用色感受较好的进行借鉴，但切记完全抄袭。从好的案例中再行添加自己的产品个性颜色。如果同类卖家中用黑色棕色较多，那么可以增加深蓝色作为小小的区分。

## 4.2 用色禁忌

新手卖家最喜欢用的颜色就是作图软件中最基本的大红翠绿，这里我指的是饱和度最高的颜色。简单点解释就是最红色的红，最绿色的绿，这种鲜艳度非常高的颜色，一旦用上，会让你的店铺瞬间降低品味。无论是多么活泼的客户群，用这样的色彩都需要非常谨慎，能不用则尽量不用。如图 4-5 所示。

如果出于各种原因需要用到，那么必须降低饱和度，如原来的大红，可将其改为稍暗色的大红。

图 4-5　用色过度的店铺页面

# 4.3 制定标准

除了以上两个问题外，标准这一问题也是中小卖家中遇到的最多的问题。用色的毫无规则让店铺变得杂乱，东一块红色西一块绿色，更有甚者是什么颜色都用上，让人一眼望去如同堆满了各种包装盒的垃圾桶。如图 4-6 所示。

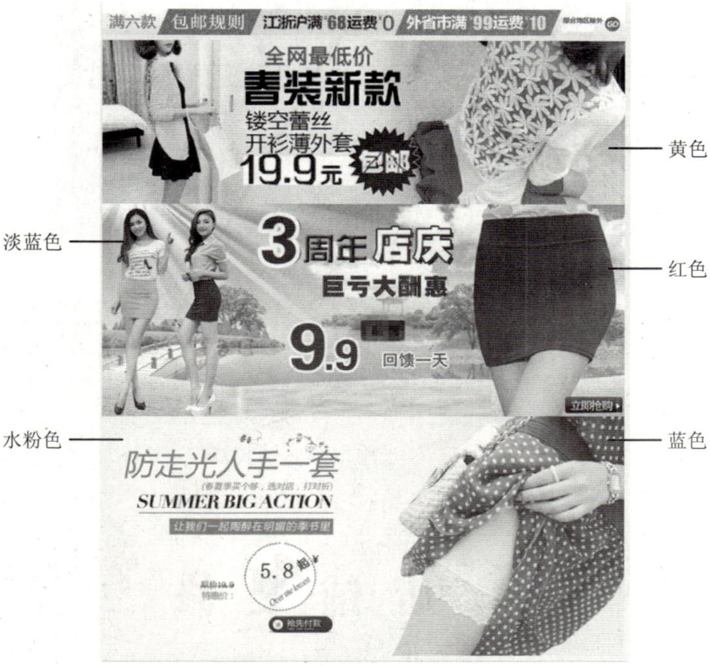


图 4-6 颜色未统一的店铺装修

解决这个问题的方法也非常简单，不管是自己装修还是请人装修，都要先设定一个色彩的基本标准，我们的店铺主色是哪种，辅助色是哪种。

一般来说一家店铺用 3 种颜色左右是比较美观的（白色和黑色没算在里面）。除非是一些童装或玩具类需要用多个颜色的店铺，否则尽量不要超过 5 种。确定之后再进行下一步规定，如海报用什么颜色、店铺文字用什么颜色、价格标识用什么颜色等。尽量规定到位，让店铺整体呈现出一种规律性和专业性。如图 4-7 所示。

素雅
随行
Elegance
或走或停，不拘时间与空间的限制，只伴着那颗赤子之心，去发现生活里的每个美好

图 4-7　统一用色的店铺装修

## 4.4 店铺装修

如果把网店看成实体店铺，那么网店的页面就像是实体店铺的货架或墙面。了解哪些页面是顾客想要的，并把这些页面安排恰当是店铺装修的关键。

一个好的页面布局，可以让顾客在店铺的停留时间、页面点击和购买转化都有所提升。而差的页面布局不但会让顾客摸不着头脑，还有可能会让顾客拂袖而去。

好的页面首先需要考虑顾客是否需要。我们简单地来说明下页面有哪些。无论是什么样的店铺，即使是刚注册开店的，也会有 3 种基本的页面：宝贝展示页（也就是宝贝页，又被称为宝贝描述页）、店铺首页和分类页。

宝贝展示页在前面章节已经详细介绍过，不再叙述，这里谈一下首页的展示。店铺首页是店铺非常重要的页面，可以说是店铺装修最重要的地方。

首页是展示店铺形象、促进店铺销售的首要途径。在首页顶部的店招，起到提升形象的作用。而首页可以根据实际情况展示各种大小的海报。店铺海报可以配合店铺的运营，做活动的促销、单品的促销和新品推荐等。同时还可以用各种陈列方式来展示店铺的商品。

在设计首页时最需要注意的是整体规划，新手卖家最大的问题是想到哪里就做到哪里，东边凑一块，西边凑一块，整个店铺变得花花绿绿。所以新手卖家在准备店铺装修时，首先是规划。

那么如何做好规划呢，同样需要从多个方面去考虑。

新店铺首页规划应该首先考虑店铺宝贝的售出，所以应该选择主打的产品做海报，或者做新店促销海报。同时首页可陈列近期人气商品。如图 4-8 所示。

稍成熟的店铺在考虑销售商品的同时，应考虑让人记住店铺。店招上可以更多地显示自己的店铺名称，有品牌的可以展示品牌。页面海报在促销的同时提示品牌。整体规划尽量要划分合理。如图 4-9 所示。

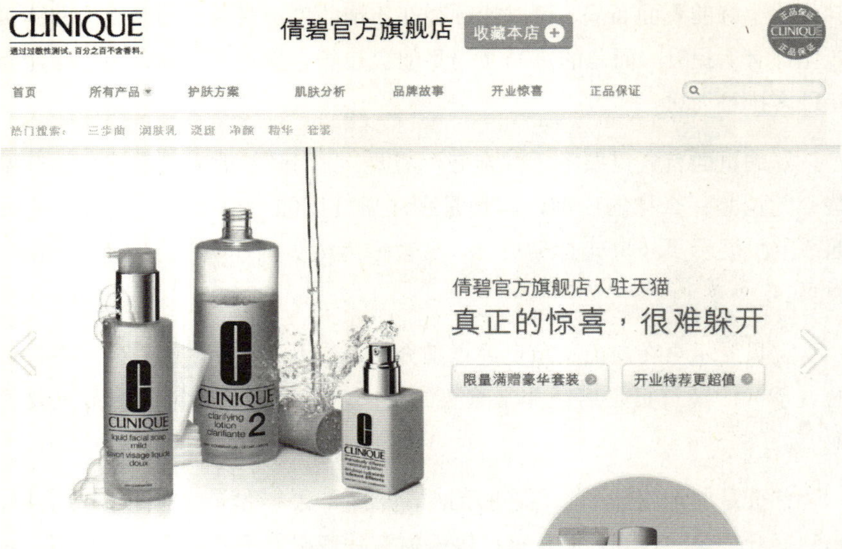


图 4-8 新店铺的装修参考

图 4-9 成熟网店的装修参考

当在特殊的促销时期，如店庆、聚划算、双 11 大促时，就需要不一样的布局了。所有页面应该体现促销感。第一屏尽量用大幅海报烘托大促气氛，店铺产品的排列应尽量以较大的页面出现，同时尽量配合促销标签，如同实体店的促销一般。如图 4-10 所示。

图 4-10　活动期间的店铺装修

# 4.5　宝　贝　分　类

首页设置完毕后，我们需要对分类页进行梳理。首先是店铺需要哪些分类，如何区分？

分类的设置同样是应该从消费者的角度出发，方便和明确的指向是关键。一般来说首先是分类的维度，可根据卖的产品的类别进行分类。例如，男装可分为 T 恤、外套和裤子等；如果店铺销售不止一个品牌，也可以按品牌进行分类；还可以从价位进行分类或风格进行分类等。如图 4-11 所示。

从店铺本身角度出发，还有产品的上新时间来分类，特价或者热卖款式也可以做单独的分类。

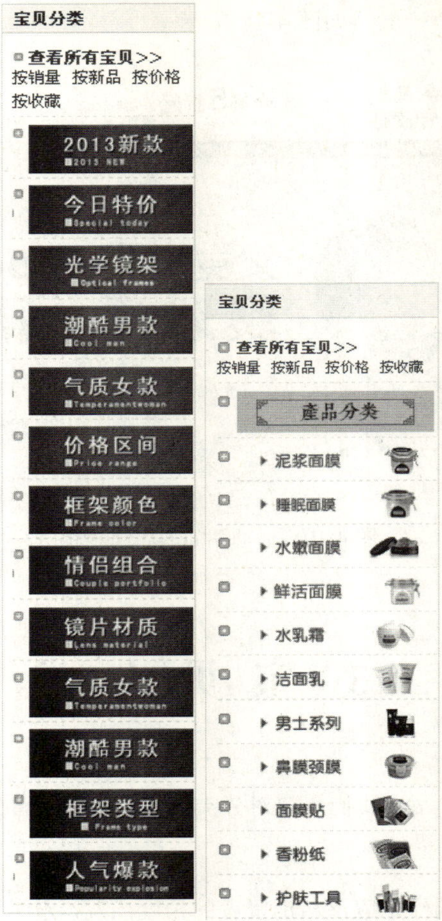


图 4-11 不同类型的店铺分类

无论从哪个维度分类，分类的目的都只有两个：一是方便顾客选购，二是有助于商品销售。

分类的方式各异，同时分类的维度也有很多，除了有较为常见的纵向分类，如图 4-12 所示，还有个性化的横向分类。而由于行业不同，因此细分的话，店铺分类会特别繁多。

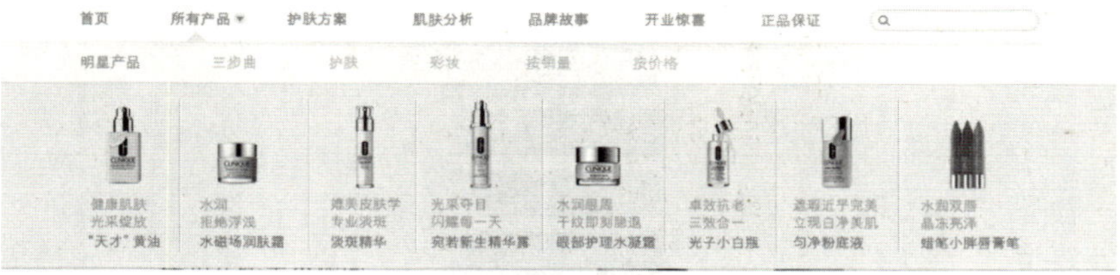


图 4-12　横向的产品分类

因为分类可分的方式较多，导致了现在的新手卖家，店铺分类做得非常丰富。但是分类绝不是越多越好。假设一家店铺有 100 件商品，如果分类做了 50 个，那么细算一下，实际上每个分类里就只有两件商品。

当然不分类肯定是不合适的，一般建议商品分类和商品总数之间有相应的比例，分类比例一般是 10 比 1 左右，即差不多每个分类里面有 10 件左右的商品，当然可以根据实际情况进行调整。

除了数量，分类条的上下排序也是很容易被忽视的，很多店铺要么分类条随便放置，要么就一直是开店设置好的样子，再也没有动过。实际分类条的排序是与顾客的实际浏览习惯息息相关的。网页从上至下的顺序是我们平时浏览网页的浏览顺序，所以我们需要给顾客看到你最想给他看到的分类。

大多数店铺通常会设置的区域是新品区，而新品区确实是所有顾客最喜欢点的分类之一。所以笔者建议，如果你的店铺确实有定时上新的习惯，那么分类的前面放上上新无疑是非常有用的，同时上新的时间分类也应该以上新时间的先后来区分，时间越近，排序越靠上。除了新品，如果店铺需要清仓了，那么清仓的分类也可以排在靠上一些的位置。如果平时不需要清仓商品占据好的位置，那么可以把清仓分类靠后。如图 4-13 所示。

图 4-13　新品和爆款靠前的分类

产品的纬度分类应更具季节性，或按顾客喜爱程度排序。越应季越受顾客喜爱的分类应靠前。例如，夏季时，服装类商品的 T 恤、连衣裙、热裤就应该靠上排序，而到冬季时这些商品就应该靠后，甚至是取消类目，用应季的分类替换，如棉衣、羽绒服等。如果是没有明显季节性的商品，那么应该按顾客的喜好去排序，如最热卖的商品所在的分类应尽量靠前，而相对不热卖的商品分类要适当靠后。

知道如何去排序后还应该定时检查分类，一般上新品的同时就应该对分类做适当调整，或者一个月对分类整理一次。

分类除了是在侧面的展示外，也是在首页商品陈列的展示。首页商品陈列应该与分类的调整方式基本一致，同样是将应季和受欢迎的商品靠前排序。如图 4-14 所示。

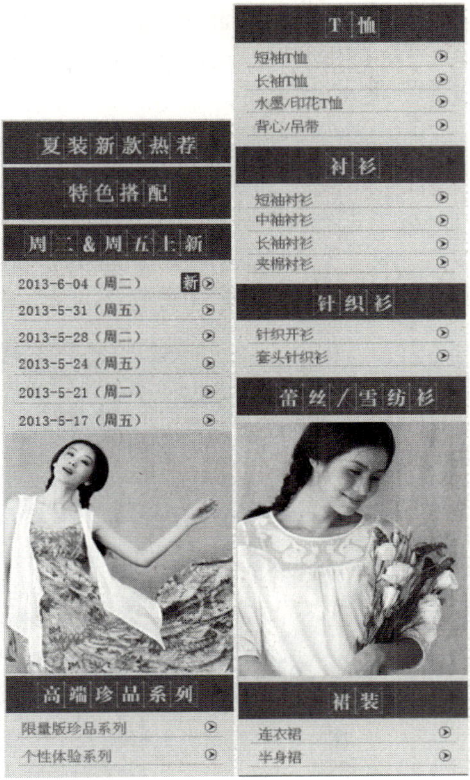


图 4-14　应季的分类

# 4.6 店铺海报

顾客到达店铺后，想让顾客立即了解店铺的近况就需要海报的作用了。海报的展示主要是靠两个方面：图片和文案。图片起到吸引眼球的作用，而文案则起到引导思维的作用。

一个店铺的海报应用的好不好，将直接影响这家店铺的销售。一般海报的设置有促销类、品牌展示类、活动告知类和单品推荐类等。如图 4-15、图 4-16 和图 4-17 所示。

促销类海报主要靠鲜艳的色彩和明确的促销主题来吸引眼球；品牌展示类主要是大品牌以图形和文字来提升品牌的视觉感受；活动告知类海报与促销类海报类似，一般文字会稍多，以介绍活动的大致内容，让顾客愿意参与进来；而单品推荐类海报主要用于提升产品单品销售，形成爆款。

至美6月 年中巨献
一场迷人的
仲夏珠宝盛宴
那些美丽的珠宝，一遇见便永世不忘
怀着无比美好的心情
亲手把它戴在指间、耳畔、皓腕与天鹅般的颈项
夏日珠宝 时尚优雅
浓情钻戒 爱意无边
点击领取 ￥50
异形钻石 惊艳绝伦
高端彩宝 华美盛宴

图 4-15　促销类海报

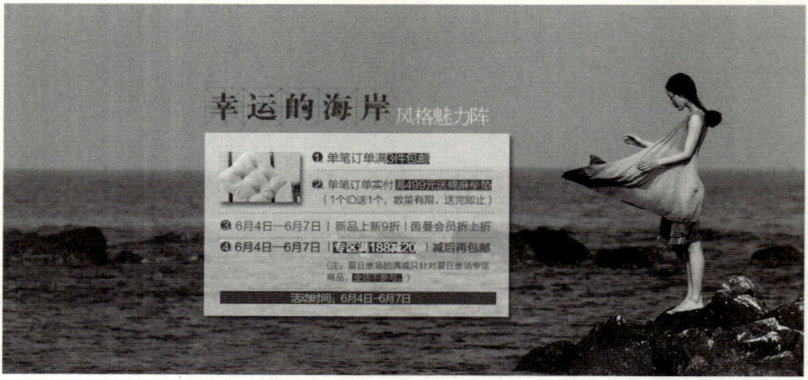

幸运的海岸
风格魅力阵
❶ 单笔订单满3件包邮
❷ 单笔订单实付
（1个ID送1个，数量有限，送完即止）
❸ 6月4日—6月7日 | 新品上新9折 | 茵曼会员折上折
❹ 6月4日—6月7日 | 专区满188减20 | 减后再包邮
活动时间：6月4日-6月7日

图 4-16　活动告知类海报

图 4-17　单品推荐类海报

任何形式的海报都是先确定海报的目的，再确定海报的主题，然后进行文案设计，最后进行实际操作设计。例如，我们要进行一次全店反季节清仓，那么主题应该类似于“清仓季节，全店 5 折起”等。辅助文案可以加上促销的时间、促销的细节，如某些产品仅剩几件等。最后的实际操作设计则应让美工了解我们之前所说的信息，如这次是反季节清仓活动，文案按照我们提供的主要文案，将主题文案放最大、次要文案放第二、说明文字最小，图片用哪类，颜色用哪些等。

# 第 5 章

# 推广

一家店铺把商品上架、店铺装修完毕、同时商品也设置了相应的促销后，那么接下来就应该让更多的人进入店铺，来增加店铺整体的流量，下面就让我们来谈一谈网店的推广。

网店推广形式多种多样，为了便于各位读者理解，这里先分为免费推广和付费推广两种主要形式。

对于中小卖家来说，一开始进行推广的方式，能想到的就是淘宝直通车和淘客联盟的淘宝客。如图 5-1 和图 5-2 所示。当然推广的形式绝不仅限于此，更多的中小卖家想找到更便宜甚至免费的推广。

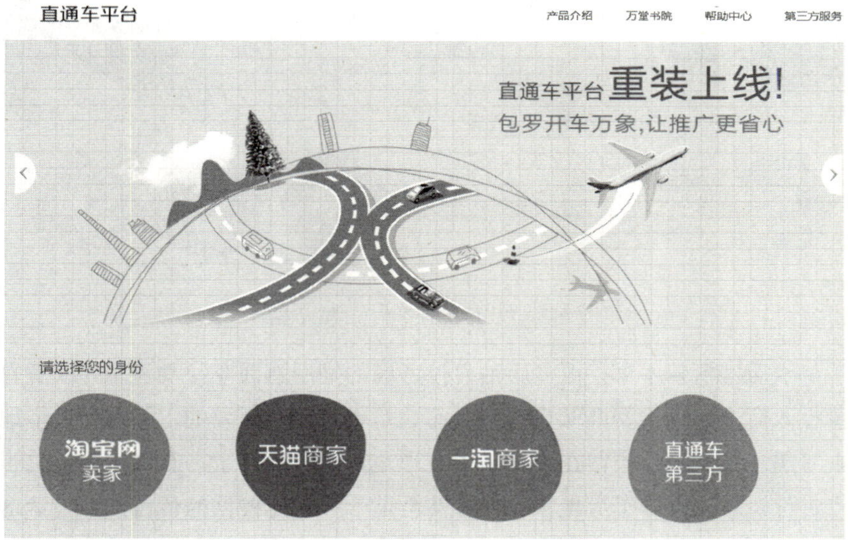


图 5-1　直通车平台

免费的推广可以说是存在的，不过免费的推广在实际操作中，仍然是需要付出一定代价的。

第 1 章中我们说过，任何店铺要人来购买都需要有人进店，事实上每个店铺在将新商品上架时都是有一定的流量给予的，前提当然是上架商品确实可以被搜索到。虽然每个店铺都有机会展示，但是现在店铺的数量庞大，每个店铺分到的流量确实有限。在淘宝的自然搜索中，我们得到的流量一定是有瓶颈的。当店铺发展到一定阶段发现流量不够时，应该想办法拉入新流量。

阿里妈妈 媒体流量平台
Alimama.com
首页
产品介绍
会员社区
帮助中心
关于我们
面向全网客户的
开放式网络营销平台
这就是阿里妈妈!
了解详情 ▶
快捷面板
您正在使用的阿里妈妈帐号是：
[退出]
进入我的阿里妈妈账户
我是广告主
淘宝联盟
提供2亿淘宝商品库，频道/搜索/组件/活动等多种推广方式选择，灵活的API接口支持，与网站内容完美结合的推广方式。百万成功合作案例，30亿分成规模。
新产品
即将呈现

图 5-2 淘宝联盟平台（淘宝客）

当店铺流量不够，很多店铺直接考虑的是用直通车拉动流量，或者直接投入巨大的广告费购买广告位。而这是否是自己需要的，并没有过多地去考虑。更多的是停留在谁家用了直通车，生意变好了；谁家花重金买了广告位，商品卖爆了等现象。有时甚至是一些毫无根据的传言，都会让这些卖家失去理智。盲目地投入到巨大的推广花费中去。

那么我们该选择哪类推广方式呢？首先还是应该先了解自己的店铺、自己的产品及自己的顾客。

当全面地了解自己之后，再进行推广，就会让推广的效果事半功倍。

如果你的店铺是风格独特、主卖个性化的定制商品，整体市场需求量不是特别大，那么采用找到相关互动平台进行圈子的打造，或相对合适的定位投入广告，就会比较合适。例如，如果店铺是做个性化定制的手工商品，实际上网络有很多类似手工爱好者的论坛，那么在这些论坛进行注册和发表一些店铺的商品就会比较有针对性地引入顾客。当然论坛是否允许发这种有广告嫌疑的内容则需要做好事先的调研。而有些论坛或者是爱好者网站博客等都是可以付费购买广告位的。如图 5-3 所示。

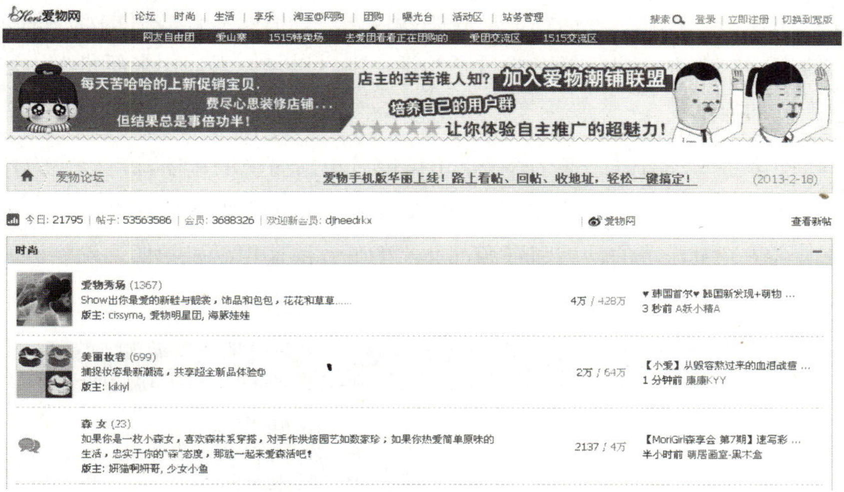
爱物网
论坛 | 时尚 | 生活 | 享乐 | 淘宝@网购 | 团购 | 曝光台 | 活动区 | 站务管理
搜索 | 登录 | 立即注册 | 切换到宽版
网友自由团 爱山寨 1515特卖场 去爱团看看正在团购的 爱团交流区 1515交流区
每天苦哈哈的上新促销宝贝，
费尽心思装修店铺...
但结果总是事倍功半！
店主的辛苦谁人知？
加入爱物潮铺联盟
培养自己的用户群
让你体验自主推广的超魅力！
爱物论坛
爱物手机版华丽上线！路上看帖、回帖、收地址，轻松一键搞定！
(2013-2-18)
今日: 21795 | 帖子: 53563586 | 会员: 3688326 | 欢迎新会员: djheedrkx
爱物网
查看新帖
时尚
爱物秀场 (1367)
Show出你最爱的新鞋与靓装，饰品和包包，花花和草草......
版主: cissyma, 爱物明星团, 海豚娃娃
4万 / 428万
♥韩国首尔♥ 韩国新发现+萌物 ...
3 秒前 A妖小精A
美丽妆容 (699)
捕捉妆容最新潮流，共享超全新品体验
版主: kikiyl
2万 / 64万
【小爱】从毁容熬过来的血泪战痘 ...
1 分钟前 康康KYY
森 女 (23)
如果你是一枚小森女，喜欢森林系穿搭，对手作烘培园艺如数家珍；如果你热爱简单原味的生活，忠实于你的"森"态度，那就一起来爱森活吧！
版主: 妍猫啊妍哥, 少女小鱼
2137 / 4万
【MoriGirl森享会 第7期】速写彩 ...
半小时前 萌居画室-黑木盒

图 5-3 爱物网

如果你的店铺经营的是较常规的商品，如流行女装、电子数码等，那么使用直通车是个不错的选择。但由于是主要类目，因此直通车的竞争也会相当激烈。使用技巧会让直通车的推广效果更好。有规划、有技巧地使用直通车推广与盲目花钱的效果绝不相同。

当店铺已经拥有相当部分的爆款，那么使用淘宝客这一推广工具会让“淘宝客”主动找上门。

由于本书面向的读者主要是中小卖家，所以在这里简单地介绍以下几种常规的推广方式。

首先来介绍免费推广。简单来说就是不花钱让本来不会到你店铺的顾客来到你的店铺。这个不花钱只是相对的不花钱。免费推广形式各异，新手比较喜欢用的是让自己的熟人到自己的店铺来，这一点与实体店非常相近。

一般新手除了直接告诉自己的亲朋好友外，主要的几种形式是通过网络的一些社交圈告诉自己的熟人，在 QQ 空间、人人和新浪微博等社交类网络进行传播。为了避免有明显的广告嫌疑，一开始建议用类似这样的说法：朋友们，我开了家店铺，给我些建议吧。而有一些比较好的商品时，同时有一些熟人客户已经购买过了的话，则可以是：亲们，来新货啦，这批新货如何如何。

在手机互动发展较快的今天，用微信及更新微信的相册都可以作为拉动免费流量的方法。利用微信直接拉动免费流量的案例已经不在少数，而拉动这些流量花费的精力和资源都非常的低。快速用手机拍照，就能告诉潜在顾客了。如图 5-4 所示。

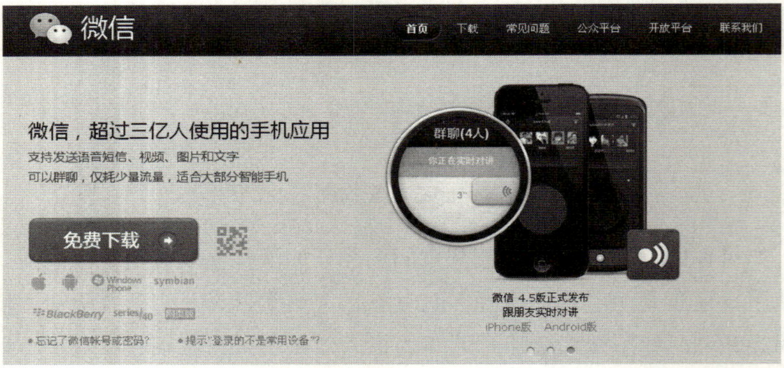


图 5-4　微信

免费推广还可利用论坛、社区等以软文形式进行推广，这类推广一般是中型或大型网商使用的，除了需要有较好的软文技巧外，还需要有营销策划能力。一篇好的软文推广效果是非常可观的，同时存在于互联网的时间也会非常的长。

事实上，虽然免费推广有诸多好处，但由于对技巧和沟通都有一定要求。所以很多中小网商宁愿选择直通车来拉动流量。本书不是关于操作技巧的书籍，因此各位读者可以到淘宝网直通车的后台下载基本的操作手册，这里不再赘述。如图 5-5 所示。

图 5-5

直通车，简单来说就是竞价广告位，收费的形式是点击收费，也就是每次点击多少钱。直通车的展现一般是靠搜索后展现。例如，在淘宝网搜索：“牛仔裤”，那么直通车广告位会在右侧的 8 个广告位和底部的 5 个广告位来展现，如图 5-6 和图 5-7 所示，往后翻页，相应位置也有这些广告位。所谓的竞价即价格越高，排名越靠前。看到这部分内容，很多中小卖家都会失去信心，如果钱越多越靠前，那么对于资金较少的卖家来说，无疑是非常不利的。

图 5-6　右侧广告位

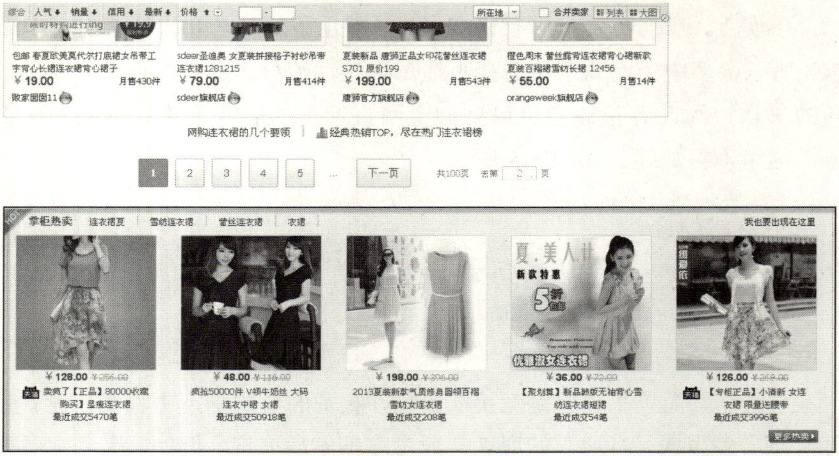


图 5-7　底部广告位

实际上，在直通车操作技巧中有很多出价低、排名靠前的方法，下面简单地介绍几种。商品的相关性，例如，销售拖鞋，那么直通车后台会对选择出的关键词给予一个评分，假设就选择“拖鞋”这个词，那么一开始就会有个较好的分数，若 10 分为满分，一般比较匹配的分数会在 5～8 分。但是如果选择了“鞋子”这个词，则得分可能会相对低一些。

直通车是靠直通车图片、文案和排序来获得更好的点击。而直通车关键词的评分是靠展现与点击的比例来提高的。如图 5-8 所示。

展现：直通车关键词出到一定的价格，你就会在一定的位置上展现，位置会随着出价的高低和评分高低变化。如果在页面上出现，不论是否有人点击，都是展现。当然展现是不收费的。

点击：当顾客看到这一页面上非常多的商品，而最终点击了某个直通车广告位图片，那么就会立即跳转到那页商品上去。这就是一个点击。而这一点击也就是你出的价格。

当展现和点击的比例较小时，评分就会上升，反之亦然。如展现了 100

而点击了 1 下，那么比例就是一百分之一，实际上百分之一这一比例已经是非常高了，比例越低，分数就会越低。

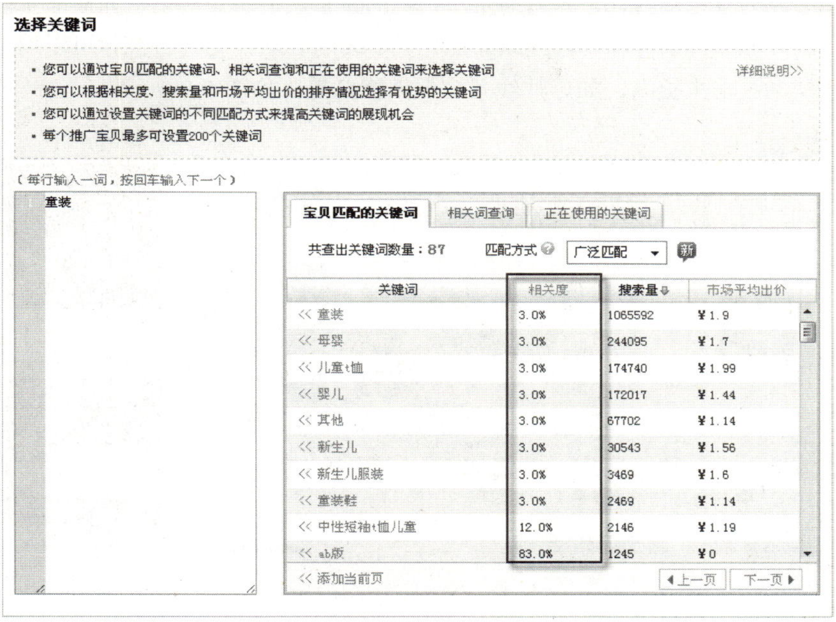


图 5-8　关键词

分数高了之后出价不需要太高就会被系统抓取到靠前的位置。而分数低时，哪怕出钱较高，也会被系统放在靠后的位置，所以新手卖家在操作直通车时更应该去学习提高点击比例，而不是用高额费用。

提高点击的方法前面已经介绍过，首先图片是影响点击的第一要素，商品主图在淘宝规则中要求还是比较多的，但是直通车对图的要求要少很多，基本所有的直通车图片都可以打上促销标语、替换不同的背景，等等。提高直通车图片点击量除了图片本身要美观外，还要注意以下两点。

1. 图片的视觉冲击力。笔者一直重申，我们在搜索商品及浏览网页时，眼睛停留的时间几乎是零点几秒，而点击哪张图片，一般是不经过大脑思索的。所以图片一定要有视觉冲击力。营造视觉冲击的简单方法是加强商品与背景的对比，如商品是白色，则背景是鲜艳色彩的；如商品是红色的，那么背景可以是白色或者黑色的。为了让对比更加强烈，可以用一些辅助图形来提高，如爆炸线条、促销标贴等，如图 5-9 所示。

图 5-9　促销标贴

2．图片的特殊性。无论用了多大力气去把对比做好，如果和别人的直通车广告图片一样，那么视觉冲击自然会被减弱，所以我们在制作直通车图片时应尽量做多手准备，一旦发现和别人雷同，就要及时做出更改和调整，以加强图片的特殊性。如果别人图片都用模特，而你的图片用了挂拍，那么顾客自然会多看两眼。如图 5-10 所示。

对以上两点做个简单的总结就是和自身做对比，和别人做区分。

除图片外，直通车的商品选择、投放时间和投放地域等，都需要去做细化。从商品、顾客去考虑，直通车的效果自然就会提高。

图 5-10　图片特殊性

接下来我们来谈下淘宝客，淘宝客是指通过互联网帮助卖家推广商品，并按照成交金额获得佣金的个人或群体。如图 5-11 所示。

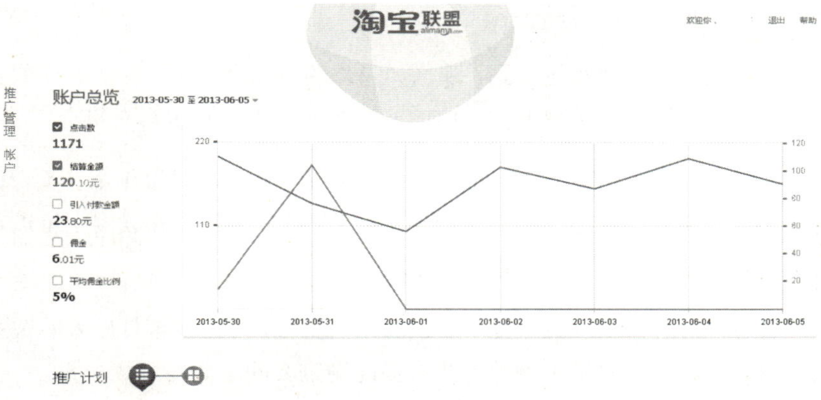


图 5-11　淘宝联盟

淘宝客通过佣金的形式收取推广费用，不成交不收费。这一收费形式使得很多店铺非常乐意去加入淘宝客，但淘宝客本身是具有思想的个体，实际上就和我们开店一样，淘宝客作为推荐商品的人，自然会去选择较受欢迎的商品。

不成交不收费这一形式，使新手店铺推广的风险和技巧要小很多，所以新店铺非常喜欢淘宝客这一形式的推广。但实际上淘宝客喜欢推荐的商品、店铺一定是相对的经营比较好、比较受欢迎的商品或店铺，花同样的经历去推广商品，那么选择受欢迎的商品得到的利润也一定会高一些。

那么如何让淘宝客愿意来选择你呢，这里就应该从淘宝客的心理出发。既然淘宝客是自由推销员，那么有自我选择条件的推销员选择得商品可以是以下几个方面，如前文所说，不管什么样的商品，卖得好的肯定能推销的更好，所以如果你店铺有一到两款热卖商品，那么将这两个商品开通淘宝客，就能吸引到淘宝客的推广了。

但事实上，新手店铺中不是所有店铺都有热卖商品，这时候如果你的商品给淘宝客的佣金比较高，那么淘宝客也会愿意去推销你的商品。如果推销 1 件你的商品比推销别人的 10 件商品所拿到的佣金还高，那么淘宝客自然愿意推广你的商品。

如果这两个方面都达不到，那么如果你的商品有一定的潜力，比如是某个新创意商品，让敏感的淘宝客嗅到了市场机遇，那也会有机会。

或者你的商品虽然卖得一般但是总是能卖出去，同时每年都在卖，这时候淘宝客也乐意给你推销，因为淘宝客把你的信息放在互联网上可以花很少的时间维护，也能不断带来佣金。

当然你还可以主动找一些平台去联系淘宝客，与淘宝客打好人际关系或者用一些额外的奖励机制等方式来提高淘宝客的主动性。

除了直通车、淘宝客外，推广的形式还有很多，比如中型和大型网商喜爱的钻石展位、直接购买的广告页面或参加一些类目的活动，等等。如图 5-12 所示。

营销入口
类目活动
营销工具
营销学堂
常用链接
淘宝直通车
钻石展位
淘宝联盟 自助推广
淘宝客推广
聚
报名聚划算
淘代码
官方活动
淘金币 报名入口
联合营销
淘宝试用 try.taobao.com
淘宝 天天特价
顽兔社区
会员俱乐部
集分宝
淘满意
天天疯狂购
黑马集
超优汇
我爱淘折
第三方活动
疯狂 聚便宜
VIP 购优汇
秒杀通 10mst
免费抢东东
折扣钱庄
VIP 专享活动

图 5-12 营销入口

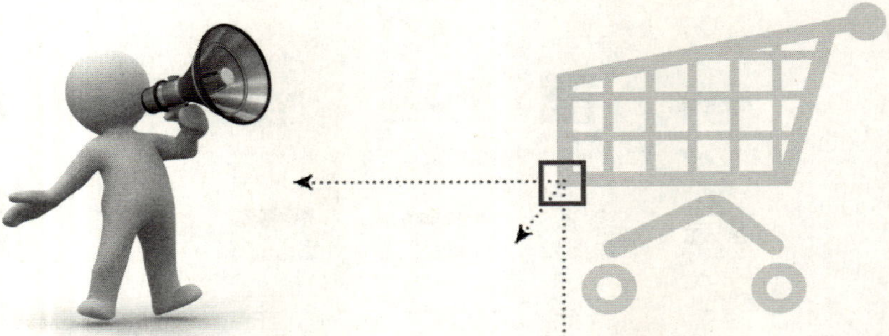

# 第 6 章

# 互动

当店铺完成了商品展现、营销、装修和推广后，一般情况下都会积累部分老顾客。很多店铺不断地花尽心思去推广、去拉流量，而完全不考虑老顾客。无论是哪种形式的数据，都证明了顾客是不断流动的，老顾客越是不维护，越是流失得快。如同用木桶装水，当木桶有缝隙漏水的时候，如果不去补上，随着时间的流逝，水一定是来得快，去得也快。

# 6.1 优质顾客

很多店铺对于老顾客的维护有着不屑一顾的想法。愿意来就来，不愿意的话就让他走，我还能再拉动客户。

实际上老顾客是最便宜和有效的流量来源，第 1 章中曾谈到回头率，也就是老顾客回到你店铺的比率。如果你的店铺维护得好，老顾客自然愿意来你的店铺，那么带来的所有老顾客流量几乎都是免费的，对于长时间没有联系的老顾客，如果用短信群发，或者类似的消息推送，都能有效地让老顾客再次到你的店铺中来，而这些花费要比直通车、淘宝客低廉得多。再加上本身老顾客对你店铺的了解，只要内容到位，转发时机合适，那么转化率也要比直通车高出很多。我们可以在量子恒道的数据工具中看到回访客的占比，如图 6-1 所示。

| | 浏览量 | 访客数 | 平均访问深度 | 平均停留时间 | 回访客占比 |
|---|---|---|---|---|---|
| 今日 | 526 | 259 | 1.96 | 306.00秒 | 6.56% |
| 昨日 | 724 | 396 | 1.81 | 195.00秒 | 5.56% |
| 上周同期 | 670 | 333 | 1.92 | 314.00秒 | 7.51% |
| 前7天日均 | 652 | 316 | 1.99 | 254.17秒 | 5.92% |

图 6-1 量子恒道—回访客占比

老顾客不但是稳定的客户来源，还可以成为店铺的监督者，从而来提高店铺整体的运营能力。与老顾客沟通到位时，老顾客会愿意主动提出一些对于店铺的合理建议，或者用一些奖励方式来鼓励老顾客提建议。无论是商品本身还是店铺的页面，从老顾客那里得到的信息都是从顾客角度出发的。这些建议有助于店铺整体的运营，如果从老顾客那里了解到某个商品有缺陷，那么我们可以快速去调整。

当维护得当，老顾客甚至还可以帮助店铺快速打造爆款，当新品零销量时，可以给老顾客信息，提示老顾客先来购买，让商品快速积累销量，从而快速地让销量排名靠前。

而为了让淘宝卖家便于管理老顾客，淘宝的卖家服务中推出了如图6-2所示的会员关系管理工具。

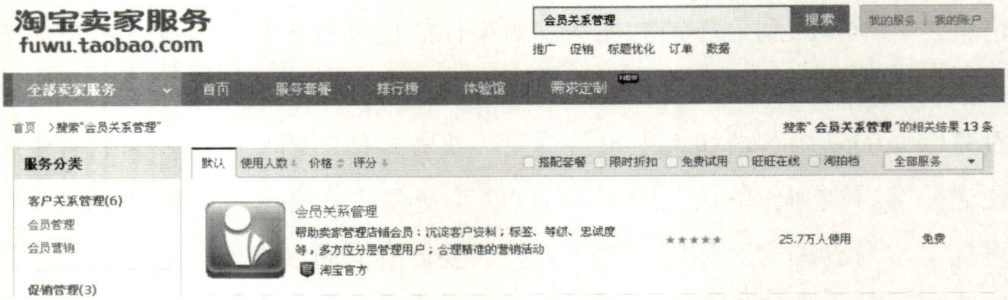


图 6-2　卖家服务—会员关系管理

当订购完成后，可以在卖家中心添加会员关系管理模块，如图6-3所示。

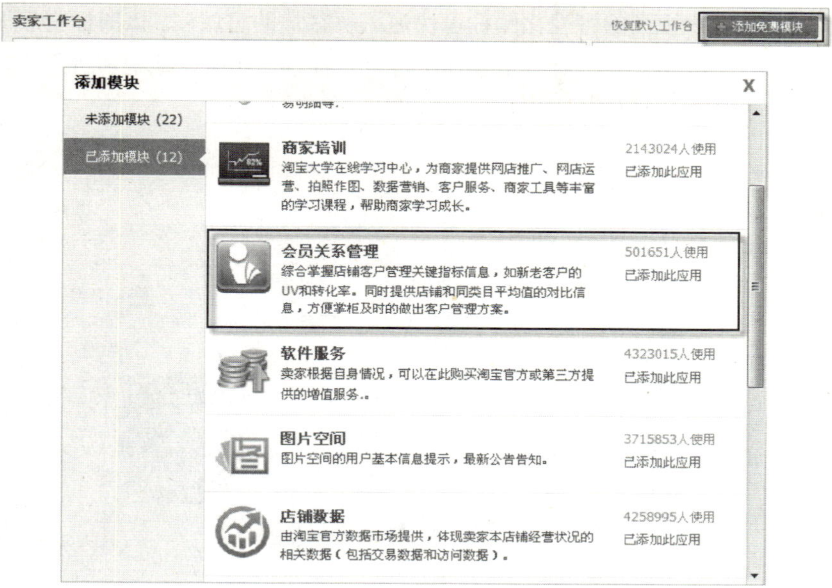
卖家工作台
恢复默认工作台
添加免费模块
添加模块
X
未添加模块 (22)
已添加模块 (12)
商家培训
淘宝大学在线学习中心，为商家提供网店推广、网店运营、拍照作图、数据营销、客户服务、商家工具等丰富的学习课程，帮助商家学习成长。
2143024人使用
已添加此应用
会员关系管理
综合掌握店铺客户管理关键指标信息，如新老客户的UV和转化率。同时提供店铺和同类目平均值的对比信息，方便掌柜及时的做出客户管理方案。
501651人使用
已添加此应用
软件服务
卖家根据自身情况，可以在此购买淘宝官方或第三方提供的增值服务.。
4323015人使用
已添加此应用
图片空间
图片空间的用户基本信息提示，最新公告告知。
3715853人使用
已添加此应用
店铺数据
由淘宝官方数据市场提供，体现卖家本店铺经营状况的相关数据（包括交易数据和访问数据）。
4258995人使用
已添加此应用

图 6-3　添加会员关系管理模块

添加完成会员管理管理模块后，可得到如图 6-4 所示的图表。

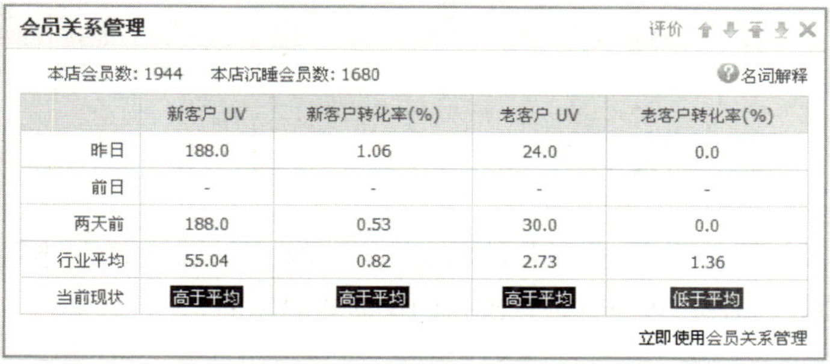
会员关系管理

本店会员数: 1944　本店沉睡会员数: 1680　名词解释

| | 新客户 UV | 新客户转化率(%) | 老客户 UV | 老客户转化率(%) |
|---|---|---|---|---|
| 昨日 | 188.0 | 1.06 | 24.0 | 0.0 |
| 前日 | - | - | - | - |
| 两天前 | 188.0 | 0.53 | 30.0 | 0.0 |
| 行业平均 | 55.04 | 0.82 | 2.73 | 1.36 |
| 当前现状 | 高于平均 | 高于平均 | 高于平均 | 低于平均 |

立即使用会员关系管理

图 6-4　会员关系管理界面

添加该图表后，可快速了解会员的具体情况，无论是新客户还是老客户，都给出转化率数值作为参考。单击右下侧的“会员关系管理”按钮，可以查看更多会员资料和信息。

通过客户视图的可视化图标可快速了解客户的忠诚度。该图标将忠诚度分为 5 个级别，同时对每个级别又可查看性别、年龄、地域和等级，以便我们更具体地抓住核心用户群。如图 6-5 所示。

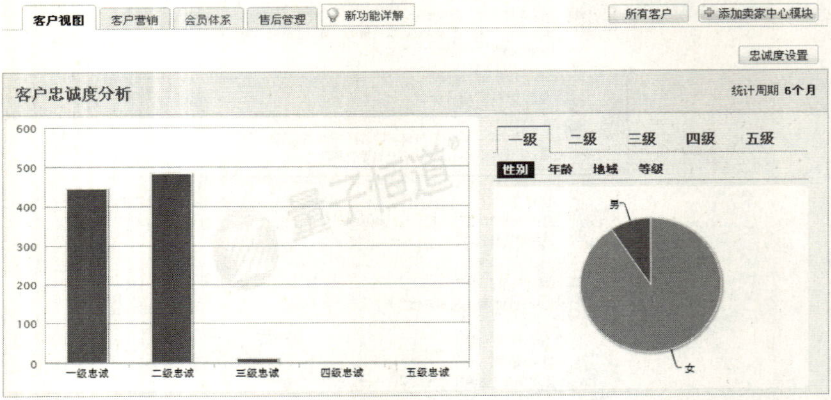


图 6-5　客户忠诚度分析

那么是不是只要是购买过的顾客，就都是我们的目标顾客呢？实际上我们应该给老顾客做一些分类，从购买次数、购买时间、消费能力和退换次数 4 方面来衡量是否是优质老顾客。

## 6.1.1　购买次数多

购买次数多了，一定是你的忠实客户。购买的次数越多，老顾客的忠诚度也就越高，就越是你应该维护的优质老顾客。

## 6.1.2　购买时间近

最近一次购买的时间，时间越短那么激活这个老顾客的成本也就越小，这个顾客刚在你家购买过商品，那么他对你店铺的印象也就越深。

## 6.1.3 消费能力高

当老顾客购买的商品都是高价位的商品时，那么你在这位老顾客身上获得的回报要比一般顾客高很多。所以一定要注意到这些高消费能力的顾客。

## 6.1.4 退换次数多

虽然这类顾客很忠诚，但是如果不断地退换，会导致我们整体花费的精力过多，每一次都很挑剔的顾客会让店铺的客服及售后头疼不已，那么这类顾客虽然是老顾客，但是我们应当给予适当的弱化。

当从这 4 个方面来选择后，我们可以选择综合数据中最优质的部分来进行最高的维护，购买次数多、最近来过、花钱多、同时又基本不退换的顾客就是最优质的老顾客。拥有了这样的老顾客群体，那么绝对是掌柜的幸运了。这类顾客很多店铺甚至会为他们专门成立维护小组，也就是真正意义上的 VIP 顾客。

除了上述 4 个方面，淘宝会员体系的会员忠诚度也是可以自定义的，如图 6-5 所示。由于每个店铺的客户群都不相同，所以建议卖家先进行忠诚度的设置，然后再进行忠诚度的分析。该忠诚度可以对消费的次数和消费的金额进行设定，通过该设定可快速获得忠诚客户的数据。如图 6-6 所示。

当然，还有部分老顾客是某些维度比较好，但同时也有某些维度不太好，那么这部分老顾客我们也应该进行保留和沟通。虽然不是最优质顾客，但是仍然比新顾客来的有效。而如果有些老顾客综合都比较差的话，我们可以用一次信息推送、短信或其他信息来尝试激活这位顾客，相当一部分遗失的老顾客是可以通过信息推送，提高成为较优质的老顾客的。而信息也无法激活的老顾客建议就暂时放弃，直到这位老顾客再次光临。

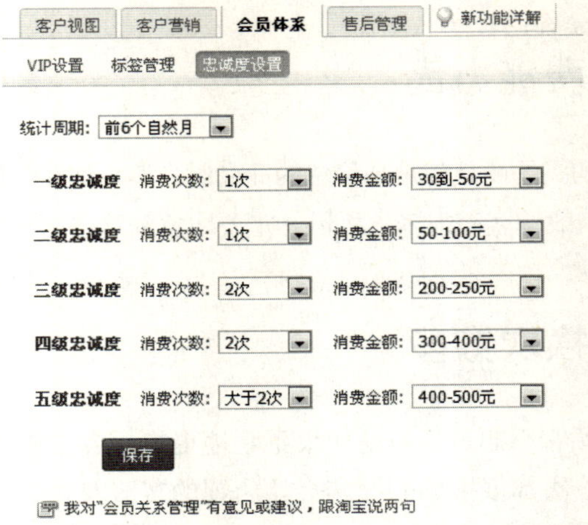


图 6-6　客户忠诚度设置

在与老顾客的沟通中，形式不总是一成不变的。为老顾客搭建互动平台、举办参与性强的老顾客活动、建立老顾客相互的沟通通道，以及定时给老顾客来一些惊喜等形式都可以让老顾客对你越来越信任，而你获得的回报也一定是更加丰厚的。

除了对老顾客设定外，淘宝会员关系管理还提供了潜在用户分析，如图 6-7 所示。用于分析未成交的顾客。

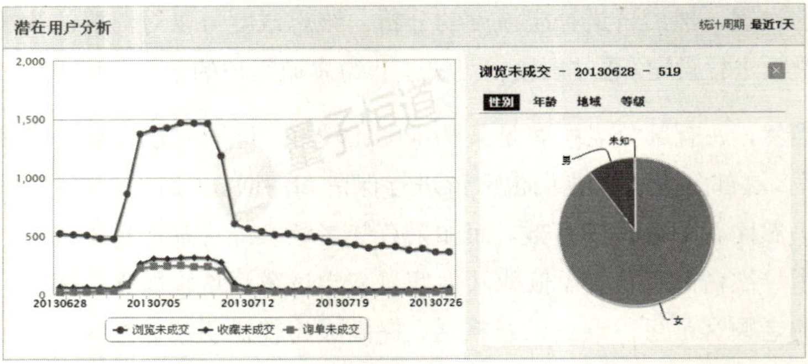


图 6-7　潜在用户分析

会员关系管理中还设有客户营销功能，该功能可进行创建优惠券和抽奖活动，可用来配合店铺的活动。活动的设定可针对某个维度的客户进行自定义。如图 6-8 所示。

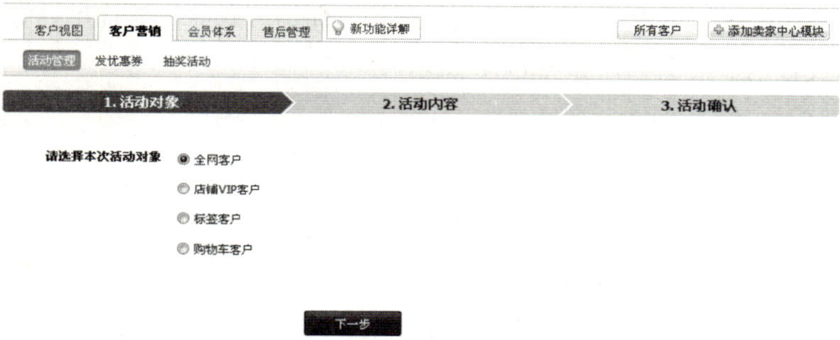


图 6-8　客户营销的活动管理设定

会员体系中最重要的一部分是对店铺 VIP 客户的设定，之前我们对客户的忠诚度进行了设定，这是为了便于我们进行数据统计，从而了解自己的客户，而 VIP 设定才是真正让老顾客获得权利的操作。卖家应该根据自己店铺的实际情况设置 VIP 的满足条件和可获得的折扣。如图 6-9 所示。

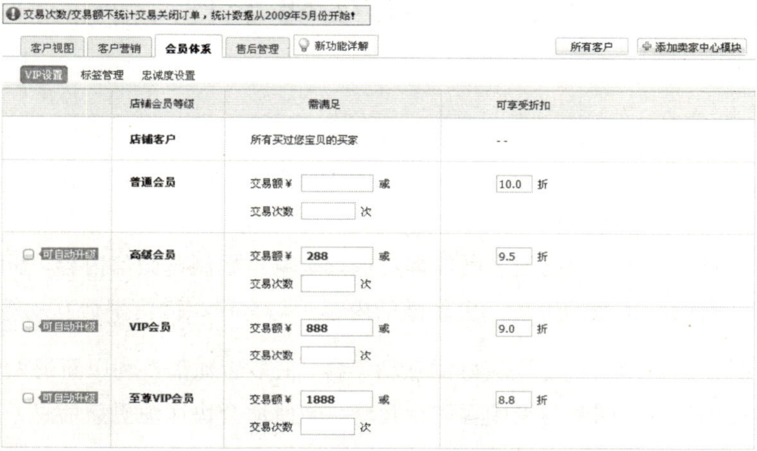


图 6-9　会员体系 VIP 设置

有时我们会对那些对我们店铺做出特殊贡献，或积极参与我们店铺活动的老顾客进行不同的设置，这时我们可以使用标签管理，也就是手动设置某个标签，然后给部分客户添加这一标签。当我们需要对这部分客户进行特殊奖励时，可单独对该标签进行促销，促销方式如发放优惠券等。标签的设置也非常简单，如图 6-10 所示。

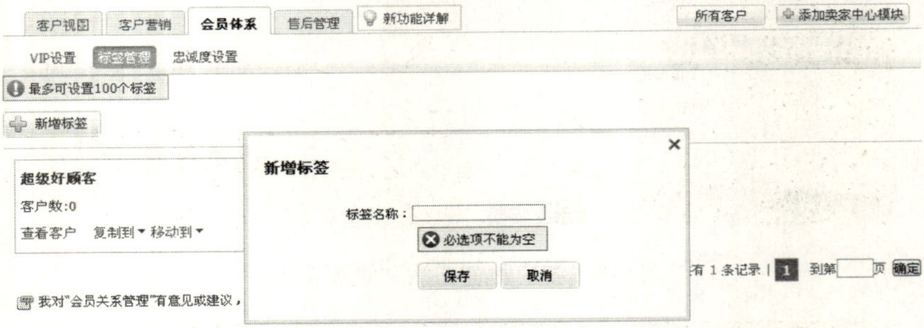


图 6-10　会员标签的设置

# 6.2　搭建互动平台

一般情况下，小店铺可以建立自己的微信来与客户进行沟通，如果需要更好地与客户沟通则可以建立自己的企业微信公众平台，如图 6-11 所示。无论是哪一种微信，都如同是你店铺自己的广播站。不过由于现在微信的信息量太大，因此很多微信客户也只是草草地浏览微信内容，所以必须请专人做好帮派的维护，更新微信内容，与客户在微信平台互动等。

另外新浪微博也是比较好的互动平台，很多店铺都在利用新浪微博推广自己的店铺，同时与老顾客进行互动。微博适合快速地更新信息，其内容简洁有效，便于顾客了解。同时利用微博做互动，卖家不只是自己发布内容，还可以与客户进行互动，让店铺与客户的关系更加融洽。御泥坊新浪微博企业平台如图 6-12 所示。

图 6-11　微信公众平台

图 6-12　御泥坊新浪微博企业平台

如果店铺已经有了这些互动平台，为了让客户更快速地与我们互动，还应在店内设定二维码，使客户可通过扫描二维码来关注我们。如图 6-13 所示。

图 6-13　店铺放置二维码海报

除了互动外还可尝试策划各种活动来迎合顾客。不过由于现在各种店铺都有活动，因此顾客对活动的参与积极性不再像以往那么高。所以在设计店铺活动时，首先要考虑的是参与的简单程度，方式越简单，顾客的参与积极性也就越高，如每日报到、新人晒照等活动，都非常的简单。只需要回帖，或者是拍张照片即可；其次是需要给顾客部分奖励，来提高顾客参与的积极性，大型活动礼品可以适当贵些，小型活动可以是一些小礼品，等等。在新浪微博我们可以直接设定微活动来发起有奖活动。公众平台的活动会让客户更加信任，参与度也更高。如图 6-14 所示。

图 6-14　新浪微博的微活动

与顾客进行互动前建立沟通通道是有必要的，沟通通道的建立与互动平台不同，沟通通道传达信息更加快捷，沟通也更加简单方便。例如，建立老顾客的QQ群或旺旺群，不但自己可以发布信息，还可以让老顾客互相沟通。另外建立公共的微信号，由于现在使用微信的顾客越来越多，所以能更快速地与老顾客互动。而微信也可以建立微信群，与顾客群体集体互动。

除前面所说的短信群发外，另外还有单项的沟通方式，如果是非常优质的老顾客甚至可以电话沟通，在老顾客的维护中，最能打动老顾客的方法就是创造惊喜。什么样的情况能给人惊喜？首先是超出一般人的服务或权限。我们可以给老顾客更加贴心的服务、比一般顾客更加优质的售后和各种优先的权利等。别人能买到的老顾客能先买到；别人的优惠价，老顾客的更加便宜；举办活动时，老顾客可以优先参与，这些都能算得上惊喜。不过要说真正的惊喜则还需要更加用心，如在特别的日子给予一份礼物，像圣诞节、生日或某个纪念日等。而礼物也不是价格越高就越好，而是给顾客所想要的一份特别而又有纪念意义的礼物。

最后谈一下互动到位后能给我们创造的实际价值，其实最能体现价值之处就是前文所说的可以用老顾客互动来打造热卖商品。

很多店铺打造一款热卖商品，无非是新品打折，做超低价的促销，然后通过直通车来拉动第一部分流量。如果合理利用老顾客，那么第一步应该是建立起老顾客的沟通群，不论是 QQ 群还是微信群。我们上新品后都需要第一时间让老顾客知道，同时应该比商品的实际上架时间还要早一些，例如，周二晚 9 点上新，那么可以提前 3 天就在沟通群里提示老顾客 3 天后上新。

这样首先是做了一个提前预告，而下一步需要做的就是给老顾客与一般顾客的价格区别，例如，对一般顾客售价是 99 元，而对老顾客售价是 79 元。然后最好也要给老顾客定一个限制，比如这个促销价老顾客只有在上新 3 天内购买才能享受，超过规定时间就不再享受折扣。这样老顾客才会更加愿意购买新品。

最后还可以给老顾客购买新品的一些特定购买权限，如购买后最先给出优质评价的，再给奖励，这样还可以快速积累好评。如果老顾客对购买的新品有犹豫是否合适，那么可以让老顾客享受一次新品的免费包邮可退换服务，这样老顾客会感觉到没有风险，从而更加愿意去购买你的新品。即使老顾客只是试试看，最后不购买，那么也会快速地建立起部分基础销量。当新品在刚上新就拥有了基础销量后，选择老顾客在本期新品中最受欢迎的款，再次在店铺首页做出推荐，如新品三天狂卖100类似这样的广告文案。同时在达到满意的销量后，加上直通车推广，这时候必定是事半功倍。

当然用好互动，其实不只是对老顾客起到作用，如果拥有了一个好的互动平台，无论是微博、微信还是帮派，都能在维护老顾客的同时还能吸引到一部分潜在顾客的围观。而举办一些互动活动，还能让老顾客帮助提高影响力，如让老顾客在自己的平台上晒宝贝。当老顾客在帮你晒商品的时候，实际上也是在帮你做免费的推广，老顾客本身的圈子就成了你的潜在顾客圈。很多优秀店铺的会员制度都值得我们参考学习。如图6-15、图6-16、图6-17和图6-18所示。

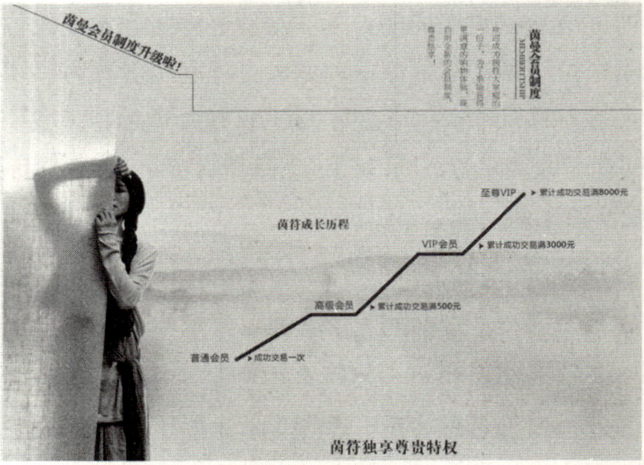


图6-15　茵曼的会员制度

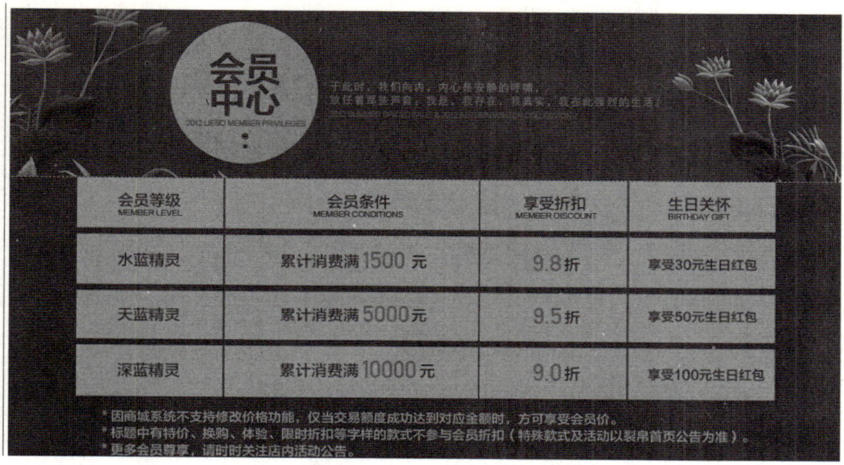
会员中心
2012 LIEBO MEMBER PRIVILEGES

| 会员等级 MEMBER LEVEL | 会员条件 MEMBER CONDITIONS | 享受折扣 MEMBER DISCOUNT | 生日关怀 BIRTHDAY GIFT |
|---|---|---|---|
| 水蓝精灵 | 累计消费满 1500 元 | 9.8 折 | 享受30元生日红包 |
| 天蓝精灵 | 累计消费满 5000 元 | 9.5 折 | 享受50元生日红包 |
| 深蓝精灵 | 累计消费满 10000 元 | 9.0 折 | 享受100元生日红包 |

* 因商城系统不支持修改价格功能，仅当交易额度成功达到对应金额时，方可享受会员价。
* 标题中有特价、换购、体验、限时折扣等字样的款式不参与会员折扣（特殊款式及活动以裂帛首页公告为准）。
* 更多会员尊享，请时时关注店内活动公告。

图 6-16　裂帛的会员制度

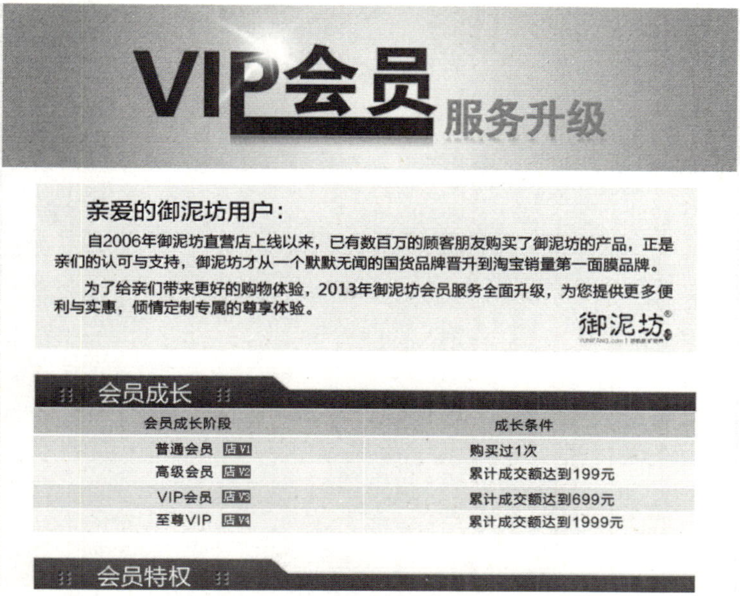
VIP会员 服务升级
亲爱的御泥坊用户：
自2006年御泥坊直营店上线以来，已有数百万的顾客朋友购买了御泥坊的产品，正是亲们的认可与支持，御泥坊才从一个默默无闻的国货品牌晋升到淘宝销量第一面膜品牌。
为了给亲们带来更好的购物体验，2013年御泥坊会员服务全面升级，为您提供更多便利与实惠，倾情定制专属的尊享体验。
御泥坊®
会员成长

| 会员成长阶段 | 成长条件 |
|---|---|
| 普通会员 店V1 | 购买过1次 |
| 高级会员 店V2 | 累计成交额达到199元 |
| VIP会员 店V3 | 累计成交额达到699元 |
| 至尊VIP 店V4 | 累计成交额达到1999元 |

会员特权

图 6-17　御泥坊的会员制度 1

| 会员等级 | 会员折扣 | 新品抢先体验 | 店铺活动优先知 | 生日特权 |
|---|---|---|---|---|
| 普通会员 | | | √ | 生日礼包(价值20元) |
| 高级会员 | 9.8 | | √ | 高级生日礼包(价值60元) |
| VIP会员 | 9.5 | √ | √ | VIP生日礼包(价值120元) |
| 至尊VIP | 9 | √ | √ | 至尊VIP生日礼包(价值200元) |

生日特权
会员通过客服登记生日信息，在生日当天购物后即可获赠相应生日礼包。
惊喜特权
专业惊喜制造团队，不定期为会员制造惊喜。
活动优先权
新品首发、店铺活动，通过邮件、短信优先告知会员，会员即可抢鲜体验。

图 6-18　御泥坊的会员制度 2

# 第二部分　生存

## 解决存活的最基本问题

# 第 7 章

# 低营业额的解决之道

在第一部分笔者尽力以中小网商刚开店的思路把开店的整个流程给各位读者走了一遍，并给各位分享了流程中的一些经营之道。无论是如何开店，开什么样的店，最需要了解的首先一定是数据，今天做了多少生意、赚了多少钱。然后再进一步说来了多少顾客，转化率是多少，推广带来多少流量、推广转化多少等。

学会看基本的数据后，我们应该把店铺的流程熟悉起来，学会把商品最佳的一面展现给顾客，并且做一些吸引人的营销活动，制作好配合产品和活动的店铺页面，增加新的流量引入，让店铺生意更好。最后再建立互动的平台来维护老顾客，让店铺越盘越大。

中小卖家开店的简易流程概括出来就是 6 点，如图 7-1 所示。

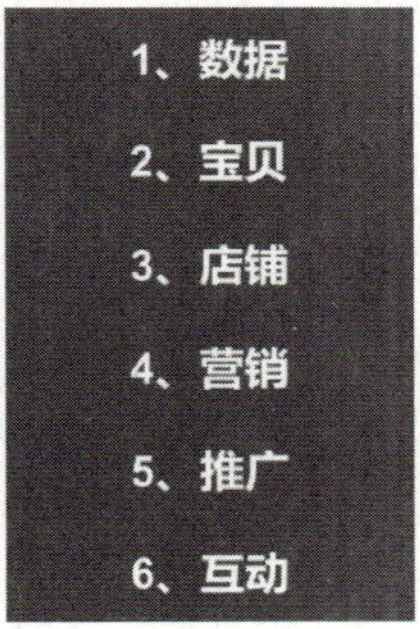


图 7-1　中小卖家开店的简易流程

笔者希望各位读者看到的不是碎片化的内容，而是知道前后的重点。数据是店铺所有信息的反馈，如同我们去医院体检，哪里出问题，都应该通过数据去考证。无论是新开的店铺还是旧店铺的整改，都可以参考图 7-1 中的步骤来做。如果是新店铺的话，就按照前文所说的步骤去做。而旧店铺整改的话，也可以按照这个方式去整改。首先看商品有没有出现问题，没有顾客肯定与商品有关；其次看营销是否有问题，是否有合理的营销方式促进销售；再次看店铺有没有很好地把需要推荐的商品配合好店铺的营销方式，通过推广数据来检测推广是否有效；最后看老顾客流失的情况。

这样无论是新店铺还是旧店铺，我们都有了比较好的参考流程。如图 7-2 所示。

虽然给出了流程，但是也并不证明所有卖家按照这个流程去做就一定能顺利经营，也并不是说只有这一方法才是绝对正确的，互联网变化非常快，这里给出的只是现阶段的流程，是从笔者本人及部分卖家的实际经营中得出的结论。在这里分享给大家，仅供各位读者参考。

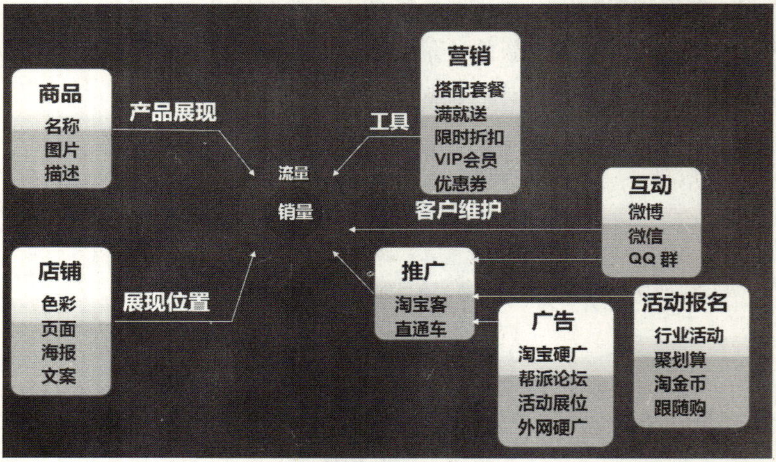


图 7-2　店铺开设可参考图表

公式是固定的，但希望各位读者可以灵活应用。例如，你的产品非常有特色，那么可以从一开始就与客户进行互动，来提升客户黏度。如果你本人有较大的资金支持，想要快速切入市场，也可以提早进行推广来获得大批流量。

当然实际经营时遇到的问题各种各样，笔者在给一些中小网商授课时常做这样一项调研：卖家们，你们究竟遇到了哪些问题？结果就得到如图 7-3 所示的答案。

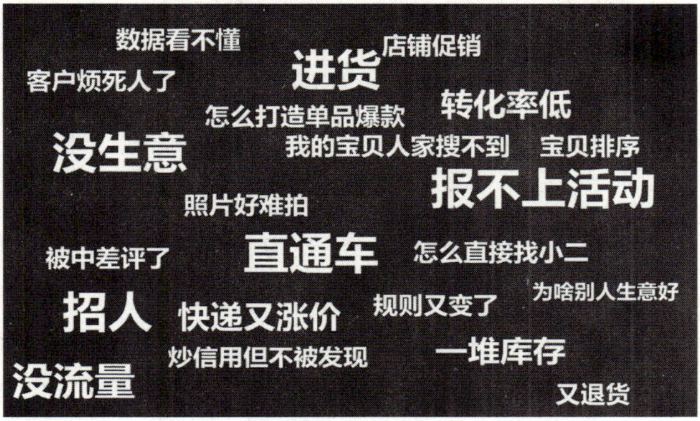


图 7-3　中小卖家的各种问题

如此多的问题，反映了中小网商的经营的确非常艰难，同时面对各种繁杂的问题，很多中小卖家确实没有很好的解决办法。不断地解决一个又一个的问题，最终还是没有让店铺顺利经营下去。

这里可以用一个词来反映中小卖家心中的问题就是：纠结。

没有生意打广告，打完广告生意来了，但是没有赚钱。不招人忙不过来，招了人还不如自己来，没有新货顾客不来，有了新货顾客不要……

这样的矛盾时时存在于各种网商的实际经营中，问题虽多，解决虽难，但并不能因为遇到这样的问题就不经营了。笔者这里还是通过自己的经历来寻找解决方法。这里首先做一个简单总结，问题虽多，但对于中小网商来说，最大的难点实际上仍然是生存问题！

能否在众多竞争中存活下去是中小网商现在遇到的最大问题，很多中小网商并不是像我们大多数人想象得那样希望发大财，而是能活下来就好。

那么我们面临活下来最大的问题就是没生意，这里把没生意一分为二，一种是低营业额，也就是经营的收入太低；另一种就是没人来，每天接不到几个客户。接下来针对这两个问题笔者给大家分享解决之道。

每一种问题，都会再给出两个解决方案，笔者把解决方案称之为药方。而笔者一向认为，出了问题的店铺就如同生了病的病人，而治病的药方分为中药和西药两种，中药治本疗效慢，西药治标疗效快。当然无论是哪种方式，能让店铺好转起来的就是有效的药方。

说得直白一些，我们做生意开网店是为了什么？答案就是：“钱”。无论你花了多大的心思，只要没有获利就是有问题的店铺。对于中小卖家来说，很多店铺从新店铺开设起就没什么生意，而有些店铺是起先有些生意，而后渐渐的越来越少。针对这样的问题，笔者从两个方面去解决。

低营业额的其中一项表现就是低销量，甚至是零销量。当我们发现自己的销量越来越低，或者从开店至今生意一直惨淡时，就应该给店铺看病了。

笔者在与很多中小网商交流时，被问到的一个较为普遍的问题就是：“我的东西和他的一样，我的比他的还便宜呢，怎么顾客不来买我的呢？”在这里笔者也想声明一下，如果真的是商品质量差，那么就需要提升商品本身的品质，因为经营技巧的基础是有良好品质的商品。当然如果质量没有问题的话，我们从淘宝网很多商品销售的情况来看，价格低的不代表就会比价格高的生意好。如图 7-4 所示。

如果商品本身没有问题，那么为何顾客不来买呢？

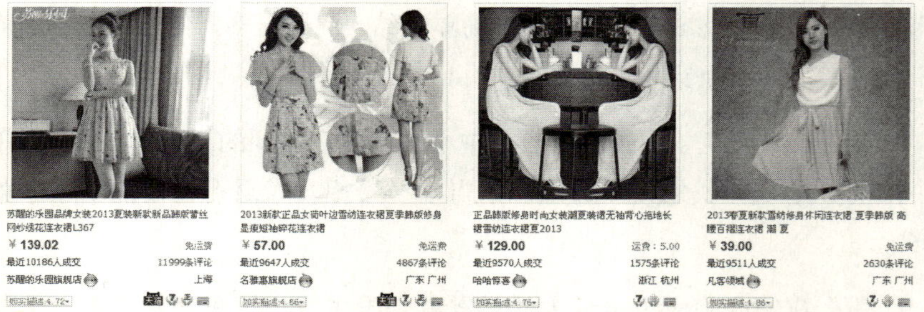


图 7-4　价格低不一定比价格高的生意好

从顾客角度去考虑，选择两款一样的商品，在网络上通过网页的形式对比，最终选择的商品一定是顾客自认为比较好的商品，没有顾客会去特意选择自己感觉较差的商品。

那么顾客认为的好是什么样的好呢？我们回顾顾客购买的流程，搜索商品然后对比，经常在网上购买商品的卖家可以马上回忆一下，自己是如何去购买商品的。

在还没有点击进入页面前，我们在选购商品时，就有一个初步的感觉，我们可以这样去模拟一下，今天要买一瓶护肤品，首先会大约有个初步的构想：要买什么样的，当商品与想象较为一致时，自然会比较感兴趣，然后就会点击这些商品。

那么顾客脑子里究竟想些什么呢？

从心理学角度出发（当然笔者不是专业的心理学专家，读者朋友如果对心理学感兴趣，建议找专业书籍去看），人的思想分为感性和理性两部分，而当我们产生购物冲动时，脑子里充满的也是理性和感性的交织。

从理性出发，一般顾客会这样去想：这件商品是否真的如同它所描述的那么有效？这件商品这个价格值不值得？有没有一些可值得信任的地方？这件商品是否是想要的规格……

实际上购买者真正的感觉更多时候是感性的。

这个护肤品瓶子好漂亮！实际上瓶子你用不到，不是吗？

这个护肤品上面那个美女好美，我用了估计也会这样美吧！实际上你想得美，这个美女本来就不是你，说不定不但化了厚厚的妆，拍完了还用 Photoshop 来回磨皮了 100 遍。

哇！大促销啊，原来 100 元，现在只要 50 元。实际上别家没促销才卖 40 元。

其实我们知道，由于在网上购物，大多数情况下顾客因为无法直接去对比两件商品的好坏。同时对于产品的专业知识，一般也不如卖家。所以与其用枯燥的数字和专业术语去描述，还不如从情感上打动她（他）。

由以上我们了解到，要从顾客角度去看商品，我们应该让顾客在选购我们的商品时充满了期待，而这些期待需要我们从商品的描述中去体现出来。这就是低销量的中药解决方法。改善对商品的描述，从而让顾客产生购物冲动。

我们来想一下，我们到实体店逛街时，有没有被特别会说话的销售员打动过的情况发生呢？这些销售员的每一句话都说到了我们的心坎儿里。而最特别的是，我们没有嫌这个推销员啰唆，最后莫名其妙掏了钱。

注意，上面所说的是，每一句话都说到了心坎儿里，这句话该如何去理解呢？也就是我们对产品的描述，必须是顾客想要的，而不是可有可无，或是信息超多的。

很多新手卖家要么将描述写成超长的一段，要么就是几句话不断重复写。或是超级啰唆且冗长乏味的描述文案，就如同我们在实体店遇到的低级推销员，不断地围着你说个不停，让你嫌烦。如图 7-5 所示。

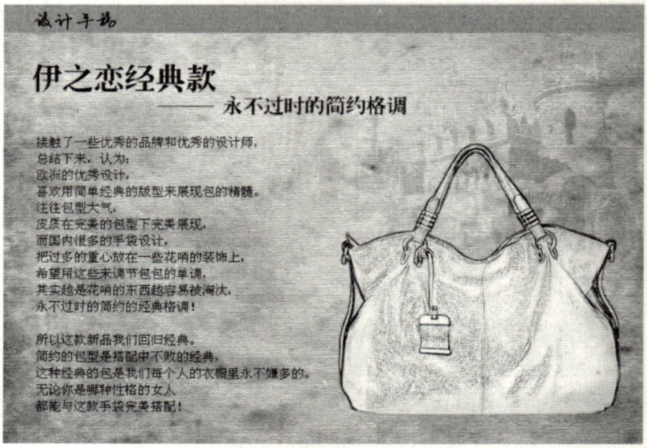
伊之恋经典款
——永不过时的简约格调
接触了一些优秀的品牌和优秀的设计师，
总结下来，认为：
欧洲的优秀设计，
喜欢用简单经典的版型来展现包的精髓。
往往包型大气，
皮质在完美的包型下完美展现，
而国内很多的手袋设计，
把过多的重心放在一些花哨的装饰上，
希望用这些来调节包包的单调，
其实越是花哨的东西越容易被淘汰，
永不过时的简约的经典格调！
所以这款新品我们回归经典。
简约的包型是搭配中不败的经典，
这种经典的包是我们每个人的衣橱里永不嫌多的。
无论你是哪种性格的女人
都能与这款手袋完美搭配！

图 7-5　没有重点的产品描述

而没话可说的描述就应该深刻地检讨自己，如果你对你的产品不了解，那么如何去卖给别人？要把商品卖给别人，首先要让自己成为这方面的专家，至少顾客从描述上看到的是这样的！如图 7-6 所示，没有内容的描述，让人无法愿意购买。

图 7-6　没有内容的描述

另外新手卖家对于描述中的图片也是和前面所说的一样，用一些不知道从哪里看来的案例去照着做，而不考虑是否适合自己。很多卖家在描述中不断地去推销别的商品。我们刚刚打开一个页面，准备好好看这件商品时，结果滚轮一动马上看到一堆别的商品，有些是放了几件，这样还勉强能接受，但是很多店铺放了好几十件，滚轮滚了三四次还没有让我们看到自己要看的商品。这种情况即便是在实体店，估计我们自己都不能接受。当你拿起一件你准备要购买的衣服时，销售员突然拦住你看这件衣服，对你说："我这里有这件、还有那件……50 件衣服你都看一下吧！"这时候我想任何耐心好的顾客都会拂袖而去。如图 7-7 和图 7-8 所示。

我们应该从哪些方面给我们的宝贝描述做诊断呢？从数据上来看停留时间是否过短，这个商品是从来没有人看，还是看了之后都不买呢？

停留时间短就证明这件商品毫无吸引力。对店铺所有的宝贝进行检验，看看是不是都是看了没多久，就马上离开了这个页面。同时我们也必须去看宝贝的浏览转化率，是不是这件商品看的人多，买的人少。当然每个类目和经营都不同，尽量参考同行业做对比。在量子恒道店铺经中可查看到每件商品的停留时间，如图 7-9 所示。

图 7-7　在宝贝详情页放入了一堆关联销售 1

图 7-8　在宝贝详情页放入了一堆关联销售 2

输入宝贝名： 查询 下载 打印

| 序号 | 宝贝名称 | 分类 | 宝贝页浏览量 | 宝贝页浏览量日均值 | 宝贝页访客数日均值 | 宝贝平均停留时间 | 跳失率 |
|---|---|---|---|---|---|---|---|
| 1 | ...外贸 和风 绣花 清新微V领 100%棉 短袖 ... | 休闲T恤 | 4 | 4 | 4 | 6分6秒 | - |

图 7-9 宝贝停留时间查询

接下来我们需要对商品一件一件开始整改，当整改完成后第二天就应该开始观察数据的变化。看停留时间和转化率是否有所改变，来证明这次整改是否有效。

究竟是什么让顾客决定购买？除了商品本身需求和价格外，还有图片和文字。一旦开始整改，就需要找一个好的榜样，也就是描述做得比较好的店家。一般来说，描述做得比较好的产品销量都还是不错的。但也有部分产品销量好的原因不是因为其描述做得比较好，而是参加活动，或者是拼命推广的结果。我们在挑选可参考的店铺时，除了观察销量比较好的产品外，还应该尽量去找比较专业的知名品牌店铺。如图 7-10 和图 7-11 所示。

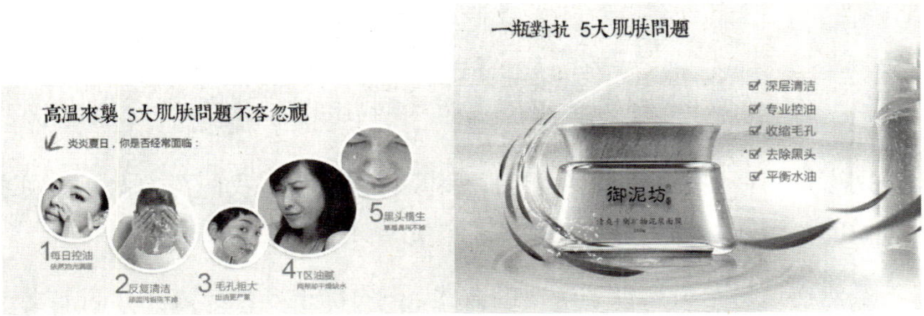


图 7-10 御泥坊产品描述部分

当看到优秀宝贝描述时，务必注意是参考而不是抄袭，一旦完全抄袭我们就又回到了原点，本身那家卖得比较好的商品已经有了一定销量，而你的页面如果完全和他一样，那顾客在选择时，仍然会选择他，因为同样的商品，对于顾客来说，一件卖出 100 件的商品要比一件只卖出了 2 件的商品要可信得多。所以在向别家店铺学习的时候，一定要做适当的创新和改革。

图 7-11　茵曼女装产品描述部分

别家做得好的，我们尽量学习；别家做得差的，我们努力做好；别家没有做的，但却是顾客需要的，我们一定要用全力去做好。

虽然在这里给大家说了解决的方式，但实际上操作起来就如同前文说的，修改宝贝描述中的图片与文案来提升店铺销量这一方法是中药。而如同药的副作用一样，这剂药一样是有副作用的。首先整改图片和描述并不是件容易的事，好的图片需要专业的设计师作图设计；而吸引人的文案除了要对产品有深刻的理解外，还必须从顾客的角度、从营销的角度去考虑写作，以期写的每一句话都能说出卖点。同时在整体规划描述排版时先放什么内容，后放什么内容，都需要去斟酌，而不是随意拼凑的，最后要学会从描述中果断剔除顾客不需要的内容。

当我们在对这些方面进行整改后，效果是否有效，无法立竿见影。如果店铺本身有一些基础流量，那么检测还较为容易些。但如果这些商品本身就没有几个顾客浏览，那么实际上我们进行的整改是否有效果就很难做出检测。因为需要有足够的数据才能更准确地看出数据变化的真实性。

对副作用做的一个总结就是起效慢，效果较难评估。而好处是一旦做好了之后，店铺就会有健康的发展曲线。

而另一种方法来得可能更加猛烈些，起效会快很多，也就是所说的西药方法。西药方法在操作上确实要简单很多，如同感冒了打一针、吃个退烧药就行了。而方法也很简单，就是商品直接降价，或者用促销方式变相降价。降价是让濒死店铺激活的猛药，用得好则能救活，用得不好就只能回光返照了。

在网上购物时，顾客会对比两家店铺，如果我们自己的店铺图片丑，文字描述也不吸引人。而另一家店铺图片漂亮，文字描述又写得特别华丽。那么顾客接下来对比的一定是价格了。如果你什么地方都不如另一家店铺，那么你要做的就是至少比他们便宜。如果价格一样，或者虽然有差距，但是差距很小，那么很可能最后还是没有多大效果。

要想让降价既有效果又不会直接把我们店铺害死的话，我们一样需要做数据检测。首先一开始可以降到较低的底线，笔者建议至少是成本价或者以上出售的。当然如果对手卖的价格比你的成本价还要低，这种情况你或许应该从对手那里买件商品，看看是不是一样的货，如果连质量都一样，或者比你的还好，那么你基本上是难以战胜对手了。

如果对手没有比你性价比更高的商品，那么就用价格来开局。当销售出一部分商品后，我们需要慢慢地提升价格来恢复利润。建议一周左右小小地提升一次，同时观察提升价格时是否会让销量降低，如果提价的同时顾客没有减少，那么选择在一个较微妙的点停留。这时候差不多对店铺的病有了一定的疗效了。

那么降价促销这剂西药的副作用是什么呢？降价会让之前购买过商品的老顾客流失，对你缺乏信任。同时降价太频繁的话就如同药品的抗药性，顾客也不再相信降价。所以不宜用太多。

当然你也可以是中西药结合，适当降价的同时对店铺页面进行全面整改。

低营业额的另一种表现形式是低客单价，前文我们对客单价做过多次阐述，这里对低客单价这个问题进行详解。

如果一家店铺一直是低价销售的。生意有了，但是由于价格低一直赚不到钱，只是卖个热闹，每天生意很忙，到了年底一核算，结果还是没有赚到钱。

当然产生低客单价的原因一般是两种情况：一种是开始定下的价格为了有竞争优势，就定得比较低，或是每个顾客基本都是买一件商品就走，不去购买别的商品。低价促销一定是某个特定时间段有效的，一旦店铺长期低价促销，必然定位了顾客群体，接待的顾客也都是相对的消费能力较低的顾客。而每个顾客都买一件就走，则会导致店铺可能某一件商品卖得特别好，而别的都没有人买，实际上就是太过于孤注一掷的把店铺所有的资源都倾向了某个爆款，这种问题导致了一旦这个爆款下市，店铺将直接万劫不复。

那么改变客单价的方式首先我们要用较为健康的中药，操作的方式就是改变我们的定价结构，也就是提价。前文有提到过一种提价方式，就是对本身正在销售的商品，进行少许提价。这种提价相对较为敏感。另一种提价方式则是利用下一批新品进行提价，新品提价带来的负面影响要小很多。同时建议新品提价时可以选择几款提价，或者提价后降价。例如，原来的商品均价在 50 元左右，希望提到 80 元的均价，如果直接将新品定价定到 80 元，那么可能马上就会丧失大部分顾客。同样新品也是可以一批一批的慢慢提，第一批提价可以提到 60 元，同时再做限时促销，降到和原来一样的均价 50 元，等有了销量后再恢复原价。如图 7-12 所示。

图 7-12　不定时涨价的淘宝商品

多次新品上新后，同时观察数据，确认没有影响整体销量后，那么你已经改变了你的顾客结构，提升了整体的顾客消费能力。

提价作为一种提升客单价的中药来说，它的副作用是会导致敏感的顾客流失。当然改变了顾客结构后，那么原来这些选择购买低价商品的顾客群，实际上一部分是接受了提价，而另一部分是离去。

对于只买一件商品的问题，实际上我们更多的应该把店铺的爆款的所有优势复制到接下来的几款商品中，让这部分商品成为并驾齐驱的战线。同时不断从新品中找到和爆款条件接近的商品。同样副作用是爆款可能会被适当减弱，单品的排序可能会稍有下降。

另一种情况是虽然店铺商品琳琅满目，但是顾客仍然只是购买一件商品的话，那么我们就可以用西药的治疗方式来促进顾客提升客单价。在前文我们提到过两种促销工具：满就送和搭配套餐。这两种促销方式可以说就是为了提升客单价而存在的。满就送可以在已有的客单价数据上明显的提升客单价。原来均价是 50 元的，可能会为了满就送而多买好几样商品。而搭配套餐则是利用成套购买更便宜的心理让顾客觉得到买一件不如买一套合算。如图 7-13 所示。

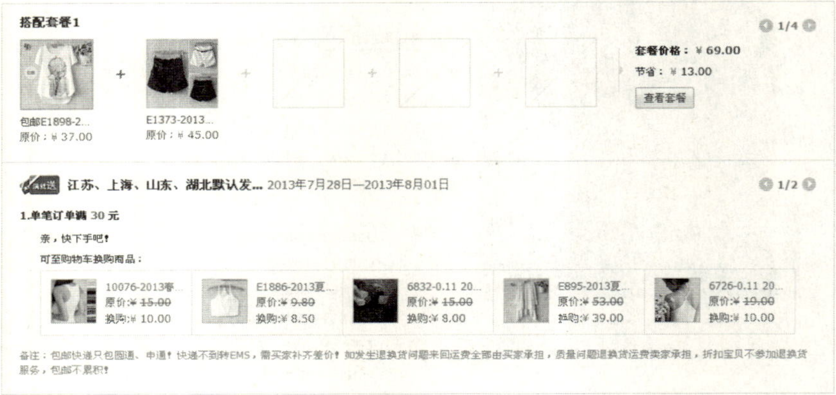


图 7-13　同时用了搭配套餐和满就送的商品

两种工具的技巧在第 3 章已经有较多说明，这里提一下这剂西药的副作用。首先是额度难以把控，满就送该满多少，送什么？这需要用在前文所说的从本身的产品均价去定，同时找合适的东西去送。而搭配套餐搭配得不好，反而会起到反效果，如顾客为了单独购买反而议价的情况。

所以这两种促销工具提升客单价的副作用总结下来就是：额度难把控，力度大亏损，力度小顾客不买账，送得不好不如不送，搭配不好不如不搭。

营业额低其实还有很多种情况，这里给大家分享的是典型案例的解决方式，如同看病一般，虽然大家都是营业额低，但是每个店铺经营的产品不同，问题产生的原因也不尽相同，所以希望大家尽量能找到适合自己现在经营状态的解决方法。如果都快倒闭了，那么就立即用西药治疗吧；如果只是亚健康，那么就用中药吧。

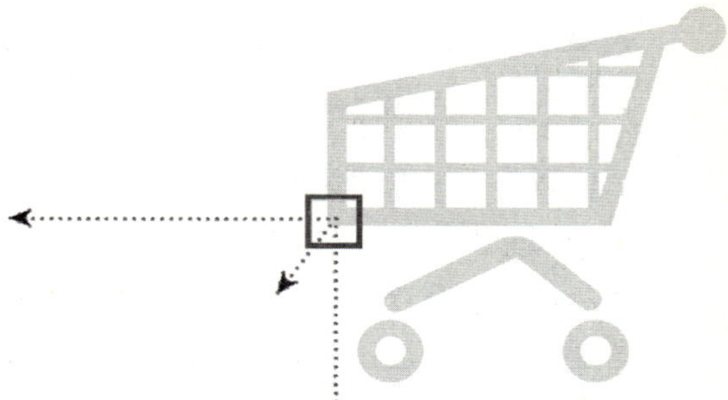

# 第 8 章

# 没客户的解决之道

第 7 章我们谈到低营业额的问题，也就是没有钱进来怎么办。那么这一章将和大家分享的是，没人来买怎么办？也就是没客户的解决之道。

可以说任何做生意的人，求的都是财。而财握在顾客手里，求财先求人。所以无数网店拼命的花钱砸直通车，花钱打广告，求的就是有人来买。这里笔者把没有客户的情况分成两种，第一种是低流量，即没有人来买；第二种是没转化，即来了也不买。

新手卖家普遍认为没有顾客来的表现是每天没有旺旺的叮咚声，即没有咨询的顾客。实际上网络店铺和实体店铺在这里有一个明显的区别。实体店铺由于有营业员，每天能亲眼见到人，所以就算顾客来了什么都没说，营业员也能知道，今天来了几个人，只是进来看看但是没有买。

而网上店铺我们开始注意到的只是直接找你询问的顾客，实际上前面提到过多次，网上销售时，来到你店铺不说一句话，默默的查看你的网页，最终购买和离去都不说一句话的顾客也不在少数。而不管是否购买，所有来的人，我们都可以在数据工具中查看到，即浏览客户数，一般称作 UV。

在与中小卖家面对面交流时，曾多次直接到中小卖家店铺的后台去查看。非常能理解中小卖家的迫切心理。一天对着电脑焦急等待，半夜来了一个叮咚声，结果是广告。进了一堆货，把家里客厅都堆满了，每天发不了几个包裹，如何不着急。而一着急就开始病急乱投医，没有生意就想到了要打直通车、要打广告，花点钱，买点人来到店里。

当然，这里不是说打直通车拉流量没有用，笔者认为还是要先看清自己店铺是否真的是缺顾客，还是我们本该做好的基本工作没有做好。新品上架后，到后台一看居然没有多少人浏览；店铺所有的宝贝排名都非常的靠后，哪怕是即将下架的时间。

那么这种情况，有什么解决之道呢？这种问题建议用中药的方式，首先查看所有自然流量有没有问题。

商品的名称是否与现在热卖的别家商品差距巨大？如果发现商品名称导致搜索靠后，则应立即给低流量商品换个商品标题，对标题进行关键词重新筛选和组合，直到后台数据查看该商品的浏览客户数（UV）有适当提升。而现在淘宝推出的宝贝体检中心，对违规、搜索屏蔽，以及降权需要优化的宝贝都会进行监测。如图 8-1 和图 8-2 所示。

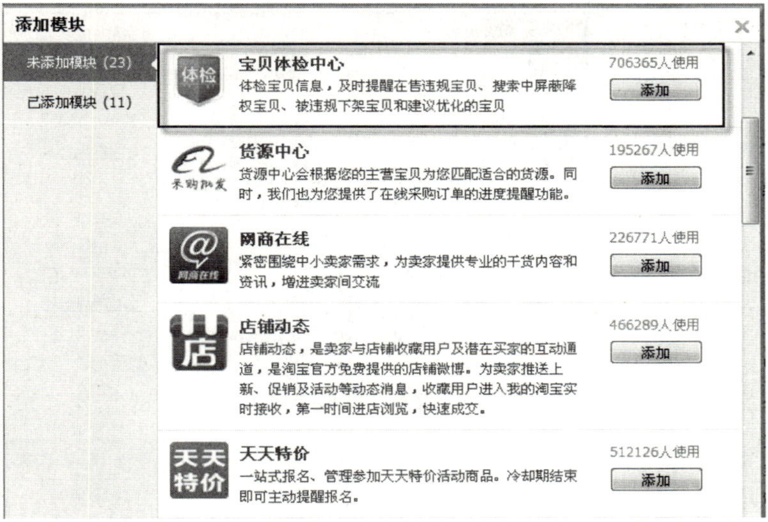
添加模块
未添加模块（23）
已添加模块（11）
体检
宝贝体检中心
体检宝贝信息，及时提醒在售违规宝贝、搜索中屏蔽降权宝贝、被违规下架宝贝和建议优化的宝贝
706365人使用
添加
采购批发
货源中心
货源中心会根据您的主营宝贝为您匹配适合的货源。同时，我们也为您提供了在线采购订单的进度提醒功能。
195267人使用
添加
网商在线
网商在线
紧密围绕中小卖家需求，为卖家提供专业的干货内容和资讯，增进卖家间交流
226771人使用
添加
店
店铺动态
店铺动态，是卖家与店铺收藏用户及潜在买家的互动通道，是淘宝官方免费提供的店铺微博。为卖家推送上新、促销及活动等动态消息，收藏用户进入我的淘宝实时接收，第一时间进店浏览，快速成交。
466289人使用
添加
天天特价
天天特价
一站式报名、管理参加天天特价活动商品。冷却期结束即可主动提醒报名。
512126人使用
添加

图 8-1　淘宝体检中心模块

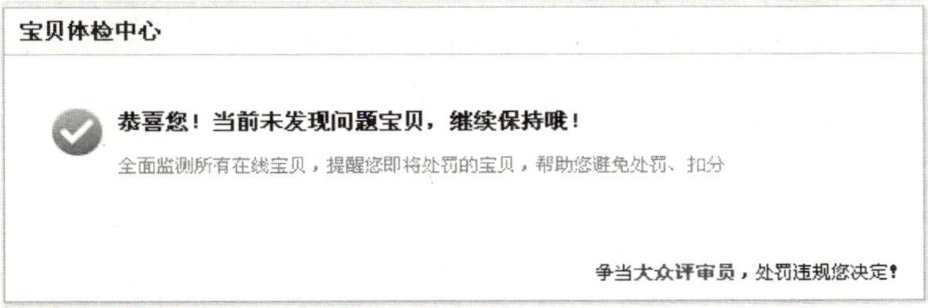
宝贝体检中心
恭喜您！当前未发现问题宝贝，继续保持哦！
全面监测所有在线宝贝，提醒您即将处罚的宝贝，帮助您避免处罚、扣分
争当大众评审员，处罚违规您决定！

图 8-2　模块显示

另外需要添加和关注的是搜索诊断助手模块，用以快速了解店铺搜索

是否出现问题、商品或店铺是否有问题，以及店铺整体流量的情况。如图8-3、图8-4和图8-5所示。

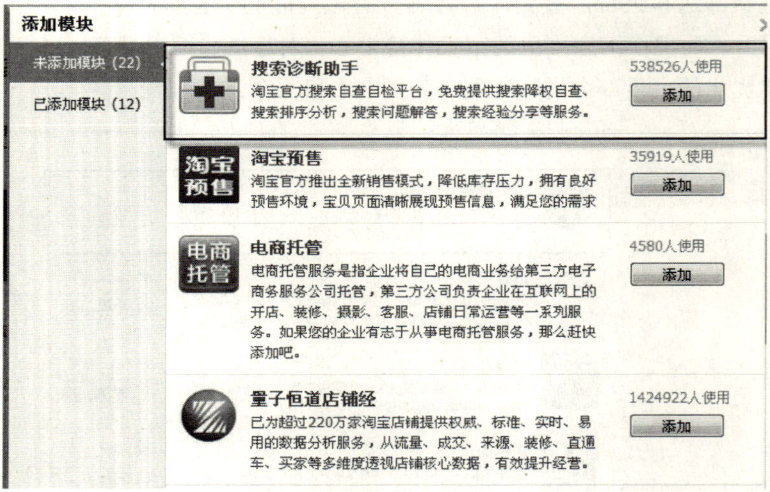


图 8-3　搜索诊断助手模块

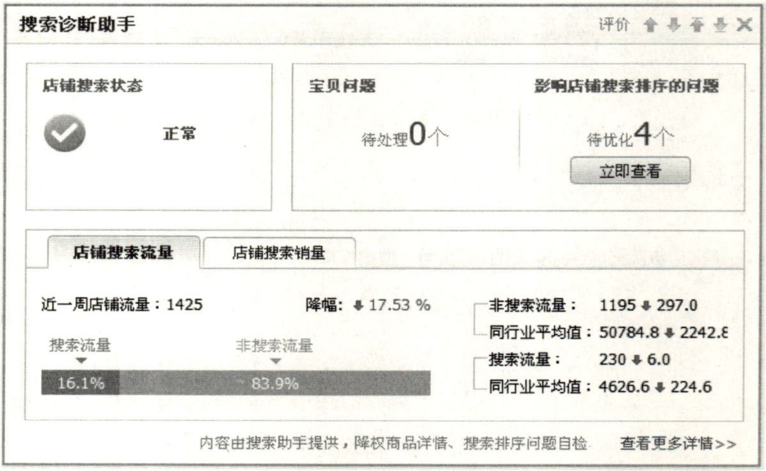


图 8-4　搜索诊断助手的模块展示

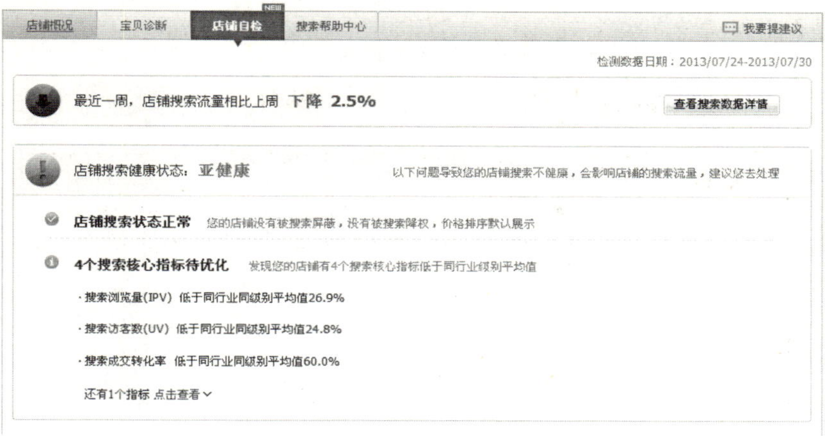
店铺概况
宝贝诊断
店铺自检
NEW
搜索帮助中心
我要提建议
检测数据日期：2013/07/24-2013/07/30
最近一周，店铺搜索流量相比上周 下降 2.5%
查看搜索数据详情
店铺搜索健康状态：亚健康
以下问题导致您的店铺搜索不健康，会影响店铺的搜索流量，建议您去处理
店铺搜索状态正常 您的店铺没有被搜索屏蔽，没有被搜索降权，价格排序默认展示
4个搜索核心指标待优化 发现您的店铺有4个搜索核心指标低于同行业级别平均值
· 搜索浏览量(IPV) 低于同行业同级别平均值26.9%
· 搜索访客数(UV) 低于同行业同级别平均值24.8%
· 搜索成交转化率 低于同行业同级别平均值60.0%
还有1个指标 点击查看

图 8-5　搜索诊断助手的更多功能

当检验出现问题时，我们应该进行各种对比。例如，商品主图是否毫无吸引力，或者与别家雷同而导致别人忽视呢？努力用各种关键词搜索出和自己商品能匹配的一整页商品。用一个旁观者的眼光去查看图片是否有问题，如果自己无法感受到，建议找一些对自己店铺还不熟悉的朋友来看该搜索页，问其会选哪几款商品。注意在让朋友来看页面时，一定不要让他仔细查看，而是用直觉来选择，因为实际购物中，顾客查看页面后点击某一件商品时，也是靠直觉来点击的，不会考虑过多因素。测试后一旦发现测试者基本都不点击你的商品时，就需要立即整改，同时整改结束后再次找人帮你测试。之后再通过后台数据观察图片修改后的变化。

之后对商品的上架时间和橱窗推荐进行调整，我们知道商品上架时也会影响到商品流量的变化，建议用 3 到 7 天的时间对店铺主卖的商品进行上架时间的替换。替换的方式非常简单。如果这件商品原来是晚上 9 点上架的，如果希望改为晚上 10 点上架，则只需要在晚上 10 点时将该商品手动下架，然后再手动上架一次。这样上架时间就会刷新为 10 点了。或者下架后用商品的定时上架功能，精确到上架的每一分钟。如图 8-6 所示。

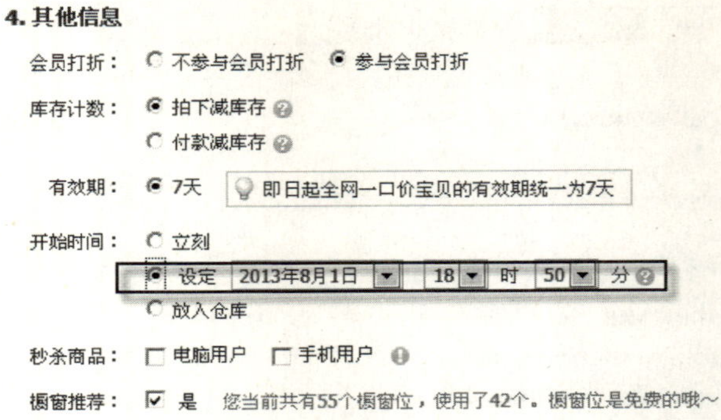


图 8-6　商品定时上架设定

由于每个行业的热点时间不同，所以一定要多去尝试自己店铺的最佳时间点。一开始可以通过找一两件非热卖的商品进行测试，看其流量的变化。之后再慢慢推行到全店。注意：不要把店铺所有商品都在同一个热卖时间上架，建议根据产品的量分批在时间热点上架。

最后对橱窗推荐位进行调整，因为橱窗推荐的商品在排序上占有较大的优势，尽量不断将橱窗推荐位给店铺本身流量最佳的商品，使其流量能够突飞猛进。同时配合商品结束时间，尽量把推荐位给即将结束的宝贝，当然如果是某些淘汰款，就不用给其推荐位，要把资源用在最好的地方。如图 8-7 所示。

我们用这些方式对店铺本身该有的流量进行一一检验和调整，这就是自然流量优化的方法，当然这个方法的缺点是起效慢，需要不断的测试，操作步骤烦琐，效果评估也有一定的难度。

如果我们店铺每天生意稳定，虽然不算热卖，但是也不冷清，同时自然流量稳定。这时如果我们仍然期望流量有进一步发展，那么用西药的效果就较为显著了。这里的西药方式实际上就是花钱购买流量。

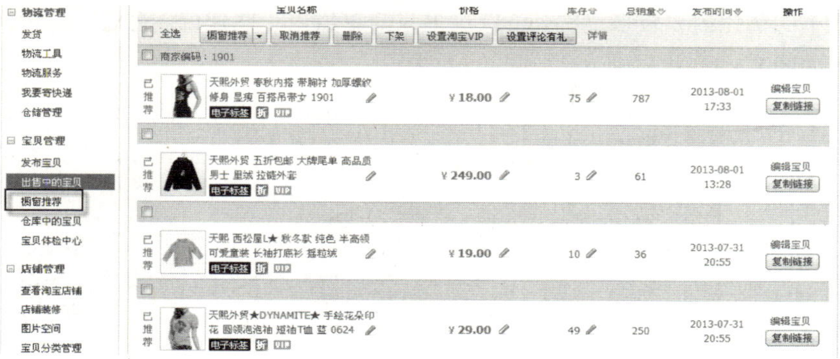


图 8-7 将有需要的商品进行橱窗推荐

如果还没有购买过推广工具，那么建议先循序渐进地慢慢操作。可以投入较低的资金尝试着用直通车和淘宝客这两个工具来做测试。如果已经购买过推广工具，但推广效果不佳，挣的钱还没花的多，那么就必须对直通车及淘宝客优化了。由于两个工具的性质不同，直通车优化的效果较为明显，所以这里给大家讲一下直通车的部分优化方式。

首先对做直通车的商品进行检验，是否直通车推的商品本身有问题。如果一直推广但效果不佳，可以尝试停止一段时间，换一款商品做测试。如果，商品本身流量销量都已经有一定基数，但直通车效果仍然较差，那么重新改善直通车的操作方式则是我们该去做的。

直通车本身有常规的关键词推广，除了通过关键词搜索广告位的方式外，还有类目推广和定位推广，分别是点类目的广告位和一些页面的直通车广告位。这些位置的实际效果也不相同。可以通过对各种方式的广告位分别测试来判断哪种更加适合。

同时直通车除了优化关键词外，还可设置日限额，防止我们的推广费用超资。设置投放地域，选择某个流量较大的地区进行投放。另外和商品上架时间一样，直通车的时间也可以进行优化，通过对直通车数据后台的观测，选择收益较好的时间来主推广。由于本书并非推广类书籍，同时直通车的优化需要较多篇幅，所以这里只简单给出一些建议。直通车后台界面如图 8-8 所示。

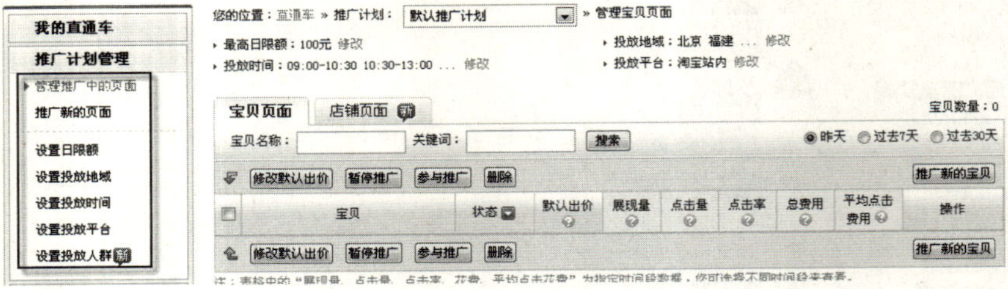


图 8-8　直通车后台操作界面

直通车、淘宝客等引流工具的缺点是资金难以把控，新手操作较难达到较好的效果。盲目操作之后可能会拉高店铺的垃圾流量，但最终购买的顾客不一定会增长很多。

这里对低流量的问题再次给出一些解决方法，多加入一些服务，如 7 天包退换、VIP 服务、细节实拍等，虽然效果不大，但风险也小。

如果前面我们花尽了心思引入了流量，但最后顾客仍然不买账，不是看看就走，就是聊聊就走，那么这时候就是转化率问题了，低转化率一直是困扰所有卖家的问题，转化率高了不但能让店铺生意好，同时还会降低推广费用。

在顾客买和不买犹豫时，推动他能进一步操作，这是每个店铺的首要解决问题。

低转化率的原因有很多，其中商品和店铺无法引起购买欲望，是最大的问题。我们在第 7 章中详细地介绍了商品描述优化方法。除了优化商品描述外，我们还需要对整个店铺进行优化。实际上所有店铺都会面对那些本来就是看看的顾客。这些顾客本身就不以购买为目的，除非我们的店铺及商品能打动他。所以这里我们需要改善店铺整体的销售氛围，以美留住顾客，哪怕这次不购买，也让他记住你这家店铺。

拥有让人有购买冲动的店铺一定是符合商品的视觉和营销氛围的。如果是销售电子数码的，那么以干净、整洁及科技化来营造店铺氛围；如果是销售年轻女性的女装类服饰，那么就以粉色或其他感性色彩、用温柔、可爱的格局来营造店铺氛围。

如果销售的是吃货最爱的美食零食类店铺，那么用能提起食欲的缤纷多彩的页面，多用橙色、红色等鲜艳色彩来提高整体店铺氛围。大家经营的类目大多是各不相同的，哪怕是类目相同，也可根据各自不同的运营特点，装修出完全不同感觉的店铺。如图8-9和图8-10所示。如果找不到自己的方向，最简单的方式就是看看和自己销售同样商品的优秀店铺是如何设计页面的。记住，不是去抄袭，而是学习他们的优秀氛围。

上述内容就是治疗低转化率的中药，用优秀的设计和美来不断改善顾客的购物体验，但副作用是技术难学，即便花钱有时候也找不到高手。所以各位一定要努力从自身来改善对视觉的品位。同时尽量尝试培养优秀美工。

图8-9 倩碧店铺页面参考

图 8-10　御泥坊店铺页面参考

低转化率的另一种原因是没有找对人，推广找来的本身就是不准备买这件商品的人。所以我们必须找愿意花钱的人，找对了愿意花钱的人，就事半功倍了，本来人家就想买，稍稍推动就成交了。

本章前面说过，改变产品上下架时间和直通车推广时间都对提升转化率有部分作用。例如，本身是销售办公用品的，但是把产品的上架时间放到了晚上 9 点，虽然晚上 9 点是淘宝购物的热卖时间，但由于购买办公用品的人员都是上班族，因此实际上最佳的上架时间应该是上午 9 点—10 点。所以如果在常规的热卖时间去销售，反而效果较差。

另外还有一部分不买的顾客，是店铺掌柜最不希望看到的，就是来咨询后结果不购买的。或者是拍下后最终没有付款。这部分顾客实际上已经有了明确的购买意向，最终没有购买一定有原因可以查出，如果是雇用了客服的店铺，建议从客服的聊天记录仔细查看，是否该客服出了问题。如果条件允许，可以购买一些客服绩效软件来查看客服的各项数据。如图 8-11 所示。

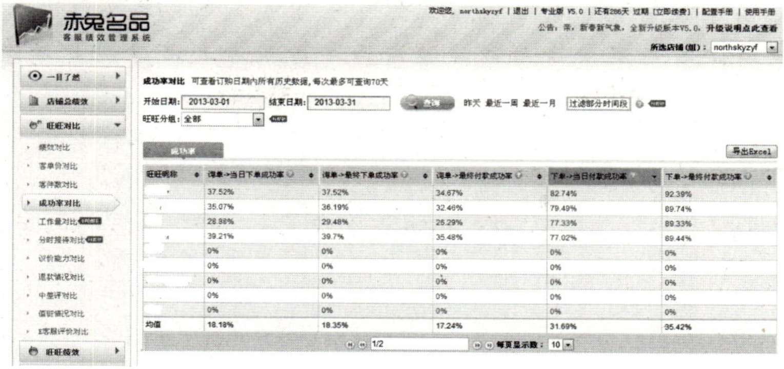


图 8-11　客服绩效软件——赤兔名品

有了这些数据，就可以通过培训提高低转化率客服的水平，同时以竞争方式淘汰无法胜任的客服。如果店铺是自我经营的小店，并没有去聘请客服，而是店主直接与客户交流，这时候如果询单转化出了问题，则一定要调整心态，努力去改善自己的沟通。如果仍然无法提升，那么有条件的话建议雇用较有经验的客服来替换自己。不是每个人都适合做所有的工作的，没必要固守自己无法胜任的工作，尽量找对人、做对事。

除提高客服水平外，还可以用各种限时和较大额度的促销来提升客户的转化率。前文提过，用促销方式可以提高营业额，实际上促销的另一个作用就是提高客户转化率。让本身不打算购买的顾客，因为促销而购买，具体操作可回顾第 7 章。

促销提升转化与促销提升营业额有何不同呢，实际上提升转化是让不购买的人购买，提升营业额是让已经购买的顾客买得更多，虽然都是促销，但仍需要从不同的方向着手。促销提升转化额度一般较大，同时尽量用限时、限量、限购等限制来提升立即购买度。可以利用限时折扣来举行一些秒杀等类似活动。

当然限时折扣这个方式是低销量的西药方式，其副作用是不能打折过多，同时限制也要做到，否则顾客不再相信，促销就不再有效了。

# 第三部分　脱困

## 危机来临的存活办法

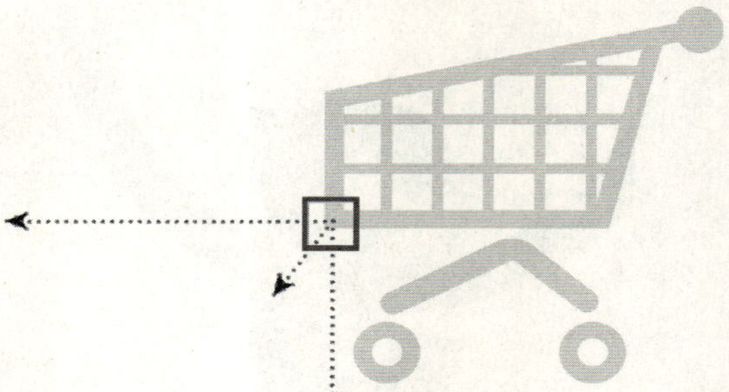

# 第 9 章

# 转型

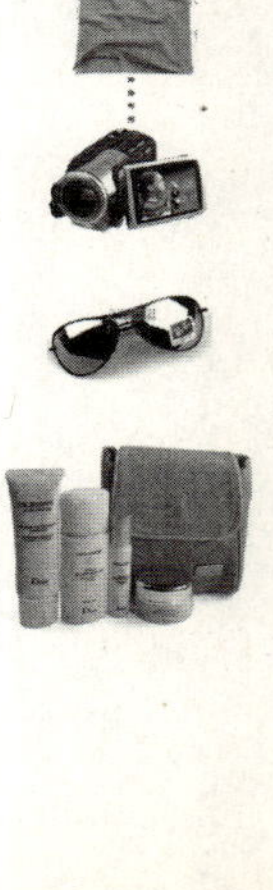

在当今时代，奔向电子商务狂潮的人们越来越多，很多时候，他们就是怀着一种对美好的向往。那种对未来无限美好的憧憬，让前赴者参与进来后，一旦稍有失败，热情便迅速退却，而消退时，必然抨击曾经带给自己向往的那些人或事。每天，有无数的新卖家满怀热情的开店，同时又有无数的卖家飞快地离开电商这个舞台。

笔者见过无数成长起来的小卖家，和更多的迅速离开电商舞台的各种类型的卖家。

其实现在仍然在坚持，并且能顺利经营的店铺，也一定曾有过撑不下去的时候。越是经营顺利通畅的店铺遇到的打击也越大。在这里分享的是那些曾经跌到谷底又继续活下来的店铺的一些生存方式。这些方式并不适用所有店铺，有的甚至只有极少部分店铺才适用，不过如果刚好有正在生存线上挣扎的店铺或许能从本章中得到一些收获，至少别人也曾遇到过和你一样的问题，而人家活过来了，你呢？

这段内容我把它称作："脱困"，这里所说的脱困方法是非常规的解决方法。当你试过了各种方法仍旧没有变化时，这些方法可能会将你的店铺从死亡线上拉回来。不过世上大多数解药都会有一定风险，如果没有用心理解和积极面对，那么可能会让你的店铺死得更快。

脱困——非一般解决之道，有风险有回报。

大部分店铺经营不下去的原因是基础打得不好，如同笔者在前几章提到的，描述不会做，图片拍得丑。不过这些问题总有解决方法，实在做不好还能花钱找人做。但是有些问题不是解决不解决的问题了，而是越做下去越错的状态。举个简单的例子：我们要去找饭店吃饭，我们体力还不错、同时有钱，不过坐上了一个特别爱玩的朋友开的车，然后一会儿带我们去看美丽的海滩，一会儿又带我们去了服装店，就是忘记原本是要去吃饭的。你一定会说，这问题一般很少有吧。

其实如果仔细回忆下，会发现每个人都发生过类似的事情，刚准备去做什么，然而被打断后就去做别的事情了，最终忘记自己最初要做的事情。

当然这些事情在我们平时其实是小事，不过在网店经营中，因不断走错方向而死去的店铺其实比不会经营而死去的店铺还多，这些卖家如同游向岸上的鱼一样拼了命的向死亡线奔赴。

从笔者开店至今，发现很多学生或者是刚准备开店的朋友都特别喜欢开一种店铺，就是手机话费充值店铺，但其最终的目的不是把手机充值店铺开好，而只是为了所谓的涨信用，当信用到达某个程度，如一个钻石后，就开始卖衣服，等等。

实际上再往下发展，发现卖衣服实际上也不是他想要的，开服装店也只是听别人说在网上开服装店不错，而所谓的开充值店也是这样。姑且不论这些情况是对是错，笔者可以明确地告诉各位，充值类店铺转型为实体店铺，信用几乎是没有作用的。这里贴出淘宝的一项规则。如图 9-1 所示。

**怎么从卖虚拟物品转为卖实物呢？**

现在对一家店铺同时出售实物和虚拟物品没有限制。如果您出售的虚拟商品交易信用占店铺总累积信用的50%以上，那么您所属行业将会变为"游戏/话费"（即虚拟行业）。反之您出售的实物交易占店铺总累积信用50%以上，属行业将会发生改变。您可以点击查看行业包含的类目。

提醒：卖家可以在自己店铺信用评价页面看到自己的当前主营。

图 9-1　卖虚拟物品转卖实物的规则

手机充值或者类似的游戏点卡等类目都是属于虚拟物品，而服装类为实物。如图 9-1 中的规则所示，当手机充值店铺涨到一定信用时，其虚拟交易的部分将把店铺规划为虚拟店铺。除非超过半数实物。

更可惜的是，淘宝的规则并没有给信用高的店铺更多的权限和比较靠前的宝贝排序。它是根据综合因素来进行排序的，信用排序只占了非常少的一部分。相反，对新店铺到是有很多的扶持计划，为了让新手卖家更有信心地把店铺开设起来，新店铺的流量往往非常可观，而如果用了新店铺的流量去做充值，等过了一段时间，新店铺的扶持结束后，你准备转行，结果反而没有生意了，所以如果你准备做某类店铺，个人建议尽量不要去先做什么充手机话费、充点卡，等等。想做什么店铺，直接做便是。

除了虚拟和实物的转行规则外，实际上对类目也是有一定规则和要求的，如果一开始想开设女装店铺，后来准备做护肤品，那么类目还是会根据之前的经营显示，如图 9-2 所示。

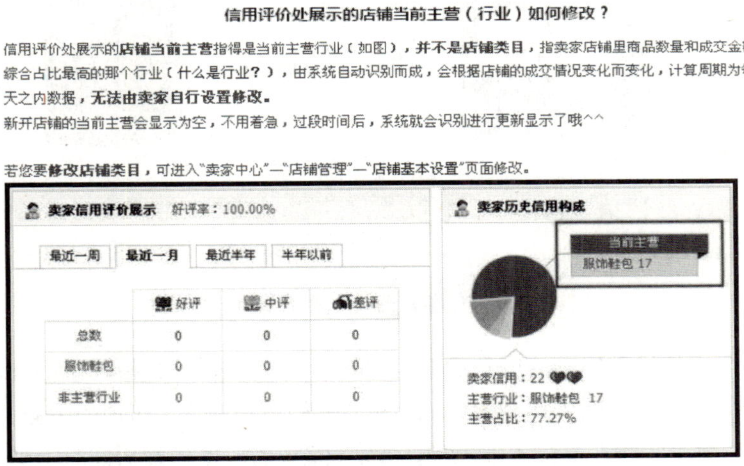
信用评价处展示的店铺当前主营（行业）如何修改？
信用评价处展示的店铺当前主营指得是当前主营行业（如图），并不是店铺类目，指卖家店铺里商品数量和成交金额、成交数量综合占比最高的那个行业（什么是行业？），由系统自动识别而成，会根据店铺的成交情况变化而变化，计算周期为每天计算近30天之内数据，无法由卖家自行设置修改。
新开店铺的当前主营会显示为空，不用着急，过段时间后，系统就会识别进行更新显示了哦^^
若您要修改店铺类目，可进入"卖家中心"—"店铺管理"—"店铺基本设置"页面修改。
卖家信用评价展示 好评率：100.00%
最近一周
最近一月
最近半年
半年以前
好评
中评
差评
总数
服饰鞋包
非主营行业
卖家历史信用构成
当前主营
服饰鞋包 17
卖家信用：22
主营行业：服饰鞋包 17
主营占比：77.27%

图 9-2　评价中的历史信用构成

前面所说的都是希望各位一开始就选对类目，找对产品。但是事实上店铺经营确实非常复杂，不是一开始设定好的内容就能完全实行的。同时或许很多读者朋友已经开店，也已经发觉自己选错了类目了，这时候难道就没有补救措施了吗？

这里会给大家一些从实际的经营结果得来的经验，希望能让大家学会快速调转船头的方法。首先我们来说下虚拟转实物，从上文我们得知，虚拟商品转型一定会有记录。那么这些记录是否会给来店的顾客特别明显的提示呢，答案是否。除非顾客特意查看你的信用评价，而从前台店铺及商品基本是看不到曾经做过虚拟商品的痕迹。不过虚拟店铺如果要转实物，之前的顾客群几乎是完全无效的。我们可以这样去想象一下，你会去某个充过值的店铺买个冰箱吗？如图 9-3 所示。

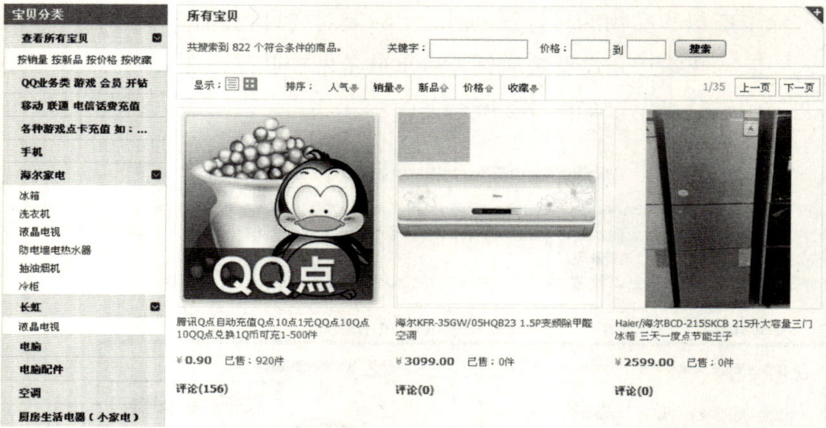


图 9-3　既卖充值卡又卖电器的店铺

从很多虚拟转型实物的成功的案例中可以发现，转型必须要果断，准备好实物后尽量将前期工作全部完成，如商品档案的建立、店铺的装修都放置后台。建议实物商品先不要上架，可先放置仓库，操作好后定时上架。店铺装修也在后台全部装修完毕再放。

选择好确认转型的某天后，进行一键转型的后台操作，将装修好的店铺发布，将准备好的仓库中的商品发布。最好在装修店铺的首页准备一张新店开张的海报。

注意，因为转型当天你的所有实体宝贝都是 0 销量的，所以准备好新店促销和开张活动也是非常有必要的。还有最重要的是要将之前的虚拟商品全部下架。很多朋友非常不舍得这些曾经给自己带来信用的商品，但是你只要仔细考虑下，哪怕你到了 1000 个信用点，实际上也没有赚多少钱。相反，一旦顾客点击所有宝贝时发现都是充值卡，还以为自己走错了店铺，则会瞬间失去购买的兴趣。

除了虚拟转实物外，还有一部分新手卖家是做的分销，因为自己没有资金积累。也不敢担太大的风险，所以选择了较无风险的方式：代销别人的产品。由于代销产品利润极低。同时同质化竞争异常严重，所以一旦做到了某种程度，很多卖家希望能转成自己进货的店铺，让自己的店铺利润适当提高。这种情况的转型实际上如果要转的同时还能让之前的客户继续发挥作用，那么就需要下面的方式。

首先，转型的产品必须和自己现有的产品相关，最好是同类型的，例如，之前代理的店铺是男士西服，那么现在如果要自己进货，也可以进男士西服。同时注意产品的风格，虽然都是男士西服，如果之前是做年轻款式的，那么自己转型进货的款式也尽量向之前代理的风格靠拢。

这样做的好处是老顾客准备二次购买时，如果感觉不到你做了什么改变，则很可能会直接购买你转型之后的产品。这种转型和前面的虚拟转型是完全不同的，不需要将所有的分销商品一次性换掉。实际上为了让自己的资金不要太多的积压在新品上，建议尽量开始多保留一些，直到自己的产品有了销量后再慢慢地淘汰。

另外一开始转型的产品应尽量向店铺代理产品中最热卖的产品看齐，如果能找到完全相同的产品则可以直接代替。不过为了防止版型不一致引起顾客的反感，应仔细对比两种产品的质量和版型。不要出现之前销售的分销产品和现在的产品细节和材料都不一致。

如果能顺利找到多件同类型及近似风格的产品，那么还可以通过以原来热卖款的姊妹款来引导顾客消费这些同类型产品，快速引导顾客接受转型。

最后介绍下行业的转型，有些店铺转型是因为有季节性销售的问题，比如夏天的凉席、冬天的手套等。而有些店铺转型则可能是供应链问题，之前的产品再也拿不到了，只能转型。那么这类问题用什么方式的转型会让我们经营更容易些呢？实际上与刚刚前文中的寻找同类产品类似，但如果需要较大跨类目的转型实际上也是可行的。

跨类目转型之前必须去了解自己的顾客群是哪类人，如之前我们销售的产品是打火机，如果准备转型，那么就必须从顾客角度去考虑。你可以销售烟具、销售酒具甚至可以销售一些精美的男士服饰配件等，从这些产品转型虽然类目跨越较大，但是顾客群实际上改变并不大。但如果之前是卖打火机的，现在转型销售女装或者是护肤品，那就几乎将之前的顾客全都丢失了。

所以在准备跨类目转型时，应先调研自己的顾客群，同时与自己准备转型的产品去做对比，如果能找到有共同的消费需求群体，那么转型就容易多了。

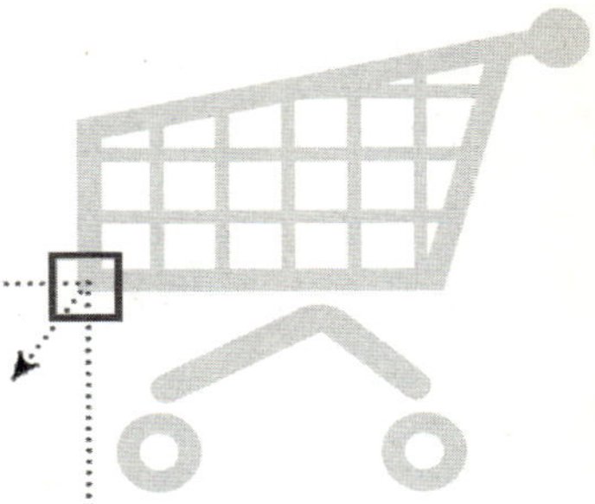

# 第 10 章

# 扩张

有时我们的店铺出现的问题确实并非用常规的方式能解决，但实际上拯救店铺的机会一直是存在的，只是没被我们发现而已。

如果你的店铺拥有独特的产品，还拥有喜爱自己产品的独特的客户，那确实是件非常美妙的事情。不过有时候店铺的发展确实让人非常沮丧，笔者见过很多非常有个性的店铺，同时也很有机会稳定地生存下去，但是不知为何不但丧失了个性，最后甚至都活不下去了。

当然也有部分店铺不但能活下去，而且发展得很好，甚至非常的强大。那么这些店铺遇到的究竟是什么问题呢，你们是否也有类似的感受？

首先，上面提到的这些店铺，其中很大一部分是有自己独特个性的。他们在开设店铺之前都拥有自己独到之处。不论是自己设计产品的店铺，还是有独特眼光选款式的店铺。他们都拥有令人着迷的产品。

这些有非常优质的产品的店铺掌柜，从最初的经营到中期的发展，遇到的问题就是让自己的店铺真正的像个店铺那样去发展，简单地说，就是想把店铺进一步做大。这里所说的大并非是请几百个员工的大，而是让店铺拥有店铺的架势，而不是网上的地摊。

这部分店铺在经历手忙脚乱的自我经营后，其自己感觉是什么都能自己解决。而那些拥有独特技能的老板，不但自己设计产品，有的甚至是自己生产。实际上互联网的特殊性，以及人群的不稳定性，使得这些掌柜如果不改变则结果很可能是难以为继。

首先从产品角度来说，本身喜欢某个产品，或者自己有某种技能，之后经营到网上时，一定会面临被环境影响这一重大问题。无论是否是个性化的产品，都有人会提出各种建议，首先顾客会提，如这个产品哪里不对、哪里改一下更好。其次还会被身边的人影响，也会给出各种建议。当然这里不是说完全不要听建议，而是要保持自己最初的本意去做，才会做得更好。再次自己还会受市场动摇，看到其他产品卖得特别好，忍不住就去卖其他产品了。

看到这里读者朋友们一定会想，因为产品卖不下去所以才会被别人影响啊，如果我的这些产品卖得很好，就也不会去听这样或那样的建议了。

那么笔者来解释一下，除了产品本身问题外，产品的生命周期也不可忽视。任何产品都有生命周期，没有永远热卖的产品，哪怕是最独特最宝贵的产品，都会有生命周期。如图 10-1 和图 10-2 所示。无论是季节明显的连衣裙，还是与季节无关的手机，都会有明显的时间波动。只是连衣裙季节性波动明显一些，而有些产品季节性波动得不明显而已。

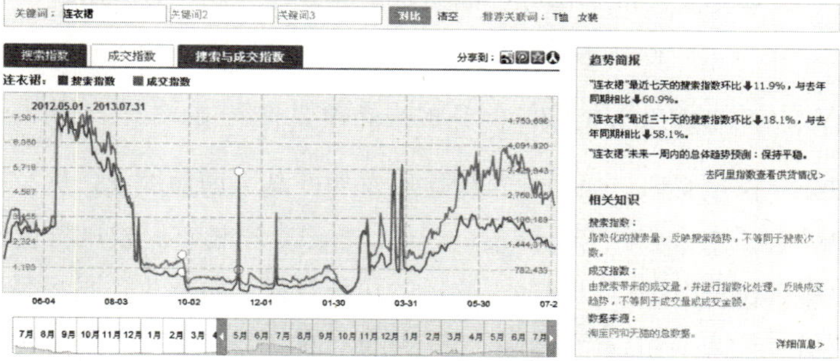


图 10-1　连衣裙的市场波动

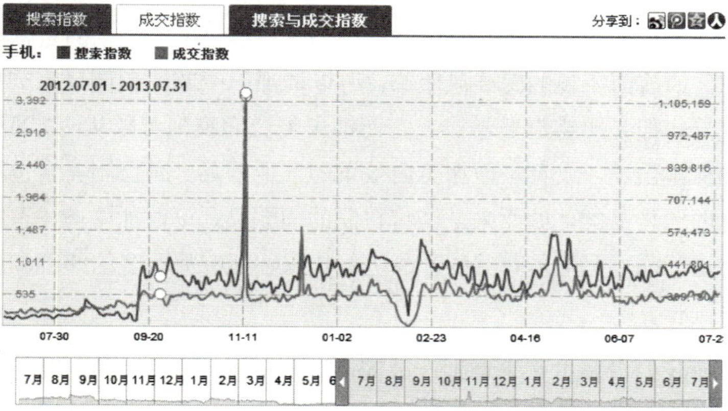


图 10-2　手机的市场波动

所以一件产品一开始热卖，之后慢慢降低销量，这是市场规律。我们需要做的是让店铺从市场规律中找到合适的经营手段。

首先是改变。改变的不是产品，而是产品的纬度，也就是所谓的扩张。个性化和拥有独特品位的产品，进行扩张时务必保持个性。举个例子，如果你销售的是自己的手绘产品，最初你在设计制作产品时，很可能是有自己的风格的，然后被各种影响后，产品失去了个性，如顾客要求你设计某个流行卡通图案，然后从画了第一个后，就索性自己也挂了一类这样的产品上去。假如你之前的大部分产品是走民族风路线的，突然出现了卡通形象，则会让原来的顾客大跌眼镜。

建议从两个纬度去扩张，但是扩张必须要有纲领。

首先是深度扩张。如果你希望在原有的产品中增加深度，那么可以加强挖掘顾客需求来强化产品深度。例如，自己是销售有民族风特色的服饰产品，那么在深度上可以增加民族风的传统纹样，如青花瓷图案等。比如自己有研发能力的美容产品，某一款美白面膜，可以在深度上增加美白保湿面膜。而销售自制美食的店铺，也可以对原先热卖的产品，增加一些特殊的口味。例如，不断扩展产品线的阿芙精油如图 10-3 所示。

其次是广度扩张。在原有的产品中增加广度，需要挖掘的是顾客的潜在需求。如前面所说的民族风服饰，可以增加一个欧式田园风系列，虽然稍有差异，但是顾客群非常接近。而销售美白面膜则可以从两方面扩张，如增加保湿面膜，或者是增加美白效果的其他产品。而自制美食也可以增加自己的销售品类，如原来是销售自制的肉制品，可以加牛肉、香肠等肉类的周边产品。无论是对哪种产品进行扩张，都应从顾客的纬度和顾客需求出发。

为何我们需要扩张来增加产品呢，其原因是我们的产品需要不断地更新和被淘汰。无论是苹果手机的一年一度更新换代，还是服饰网店的每周更新，都是对产品的扩张。有了符合自己个性的产品扩张后，被淘汰的旧商品就会不断被新的商品所替代。店铺也就拥有了存活的又一条件。

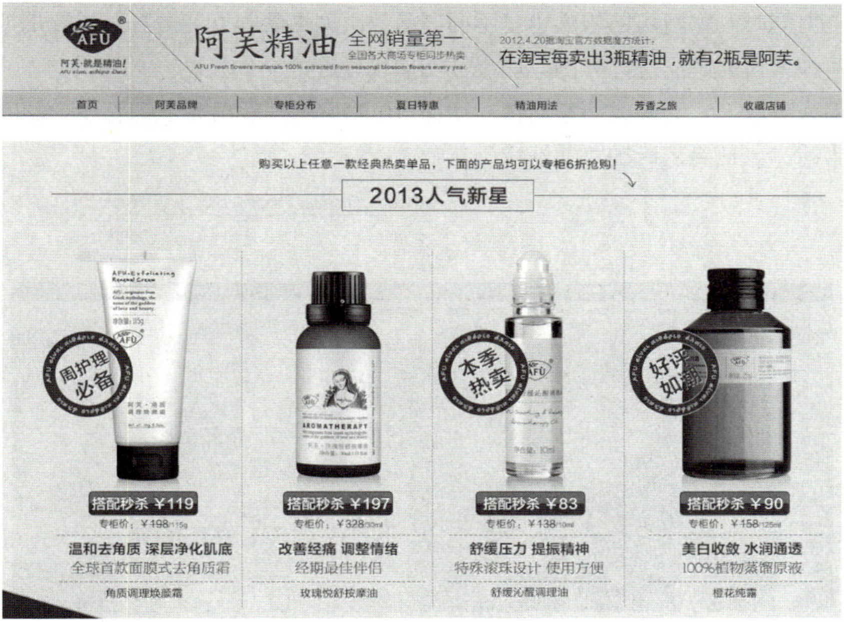


图 10-3　不断扩展产品线的阿芙精油

当然，产品的扩张只是其中的一环，实际上店铺还可以进行扩张来增加销售，笔者就曾经同时开设实体店和多家网店。

这时候很多读者可能会问，淘宝规定是不允许重复开店的，为何你可以开设多家。注意淘宝的规定是不允许“重复开店”，所以开不重复的店铺是不影响规则的，只要店铺、产品、图片等都是不同的，就绝对不属于重复开店。

当时笔者开设实体店的原因是货源渠道比较丰富，网店商品一般十件以上笔者就会愿意花费时间去拍摄和上架，但是有些商品只有一两件。同时在网店销售一段时间，很多商品断码、断色也导致了店铺很多产品是零销量，这让店铺看上去非常不好。所以笔者将这部分产品放置到实体店过行销售。用实体店和网店进行互补。

同时两家网店销售的也是不同产品，比如男装和女装分开，或者是把两种风格的产品进行分割。如果你的店铺现在经营的是两个纬度的产品，那么可以把它分割成两家店铺。如图 10-4 所示，裂帛旗下拥有多个品牌店铺，包括男装店铺“非池中”。

图 10-4　裂帛的男装店铺“非池中”

店铺产品都扩张了，如果店铺的人员配备不进行扩张和更新的话，最后还是会出现问题。店铺人员扩张的前提一定是店铺本身已经具备了一定的利润，在能养活掌柜本人的前提下，利润有部分盈余，可以用来做人员发展。

人员的扩张对于非专业的自己经营店铺的掌柜来说是比较难的，如果你是拥有独立个性的掌柜，那么新员工就更加难招了。

这里简单地给各位一些建议，增加员工可以从互补和带徒两个方面来尝试。互补即掌柜自己能力较弱的地方，可聘请有经验的员工来弥补。这里一定要注意，是否真的有经验最好在录用前让他进行实际操作，然后观察。当然最好能有数据来评测，如客服的打字速度等。带徒方式则可以招聘不太熟练的员工，可以是学校的实习生，在正式上岗前可以自己带这些新员工学习技能，熟练后就可以放开这一环节了。

本章谈到的店铺扩张是对一种健康店铺环境的打造，拥有了不断更新的产品链和互补方式的店铺，以及适合自己店铺的员工，都能让店铺稳定发展起来。而在店铺面临生存问题前就能提前降低风险。

# 第 11 章

# 颠覆

当店铺已经病入膏肓，而店铺掌柜的热情也丧失殆尽时，颠覆才是让店铺获得新生的方法。

颠覆并非简单的改变，而是对店铺彻底完全颠覆。可以是经营方式的彻底转变，也可以是销售模式的颠覆。

颠覆的前提是要么店铺确实已经走到了绝境，要么掌柜本身对经营现状非常不满意。

店铺的颠覆往往会面临较大的阵痛，当店铺熬过这一阶段后，店铺可能就获得了非常大的生存空间。

颠覆可以是商品性质的改变，首先在常规的销售方式中，几乎都是经营销售市场已有商品。大部分中小网商选择的都是批发市场进货，有些较大规模的网商或许会与工厂长期合作，不过销售的仍然是常规性质的商品。

如果你已经对现有市场的产品失去了兴趣，那么你可以选择更有特点的销售模式，这些模式在传统线下销售比较常见，但在网络上较少出现。

比如定制型商品，定制型商品可以是完全的定制，也可以是部分定制。比如现在淘宝网上有很多销售墙贴的店铺，这些店铺大部分图案都已经非常普遍，不再有吸引力了。但墙贴这类产品实际上有很大的定制空间。现在很多墙贴店铺，已经有定制服务了，这些定制服务让原先的常规销售变得更具服务性。如图 11-1 所示。

另外线下很多高档服装定制商铺也已经在网上销售了，虽然不像销售常规服饰那样操作简单，但有定制服务的店铺有其自己高黏度的客户群。如图 11-2 所示。

图 11-1　定制墙贴

图 11-2　定制西服

另外全面定制在技术上可能较难实现，不过部分定制实际上可以作为增值服务来增加自己店铺的个性。例如，一家销售男士衬衣的店铺，顾客可以要求在衣服上刺绣出字母，代表其特殊的含义；同时还可以将买家自己准备的图案制作成个性的定制 T 恤等。而女性服饰的一些个性服务也非常多。如图 11-3 所示。

图 11-3 个性定制 T 恤

当然定制只是颠覆的一个纬度，我们常规的销售状态是从市场进货，然后进行拍摄制作，最后放置到页面上，等待顾客的下单。这是实体店，以及现在的大多数网店普遍的经营模式。不过在互联网时代的今天，与这种经营方式完全相反的方法，也已经非常成熟，那就是先将商品放置在店铺页面，实际上没有库存，或许只有一到两件样品。等待销售出去后，再去进货，或者下订单，这就是预售模式。如图 11-4 和图 11-5 所示。

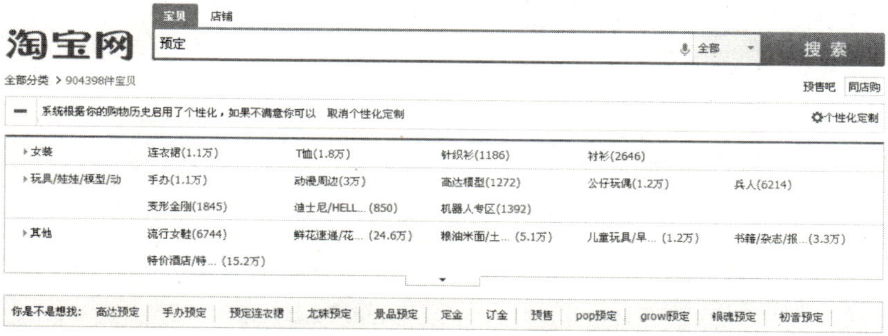


图 11-4 预订产品已经有 90 万件以上，同时还在不断增加

预售形式既可以配合店铺销售常规商品，也可以单独存在。

通过预估制作时间，标明发货的时间段，然后分批制作后发出。让店铺的库存压力降到最低，从而让店铺获得良好的周转。很多人可能会问这是不是大商家才能做到，实际上很多小型店铺已经在这样经营，由于这种方式降低了风险，从而在对价格和产品款式的把握上更为精准。哪怕是销售土特产的小店铺，实际上也可以这样去经营。如图 11-6、图 11-7 和图 11-8 所示。

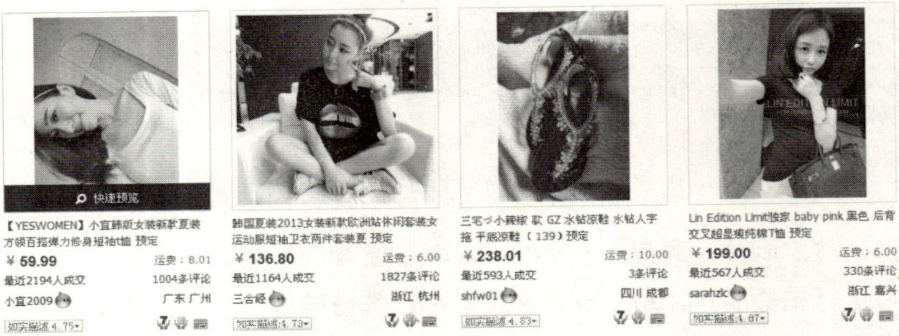


图 11-5 预订产品的销量也非常可观

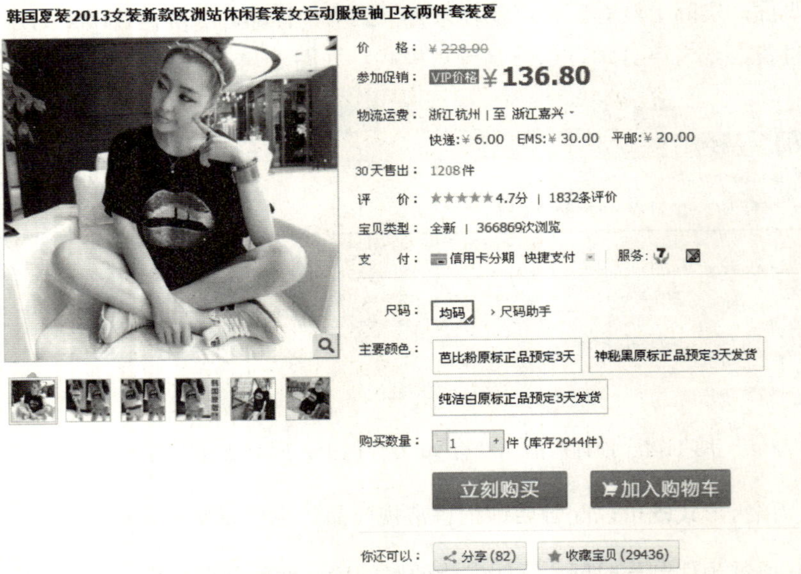


图 11-6 预订女装

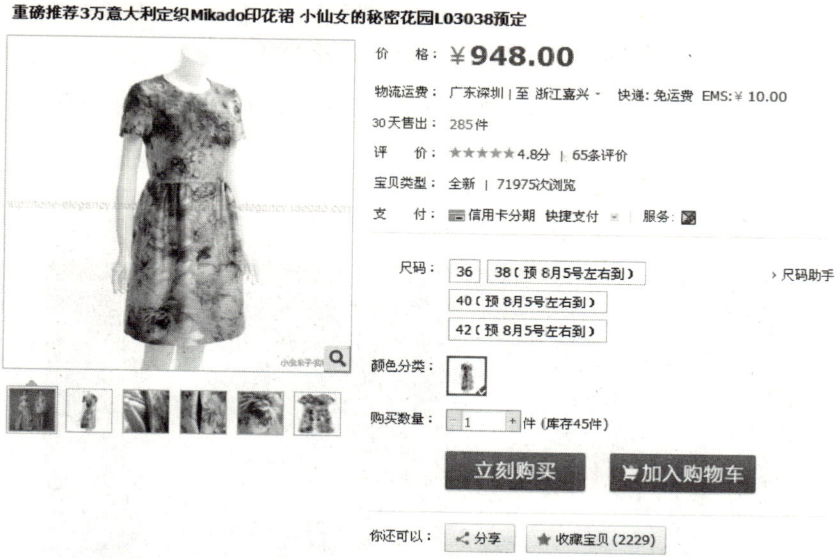


图 11-7 预订高端服装

图 11-8 预订私房菜

店铺颠覆的形式并不止于此，视觉的颠覆也可让我们从一堆店铺中脱颖而出。例如，现今很多女装店铺都邀请了非常漂亮的模特来进行拍摄。

导致现在很多店铺都非常类似。而一些店铺反其道而行，用朴素的模特，有些店铺甚至会用长相一般的模特来吸引眼球，这些方式让店铺瞬间脱颖而出。另外还有些店铺全部用类似自己拍摄的自拍照进行经营，让顾客觉得非常真实和有亲和力。如图 11-9 所示。

图 11-9　长相不出众但装扮别致的女装店铺

除了拍摄外，店铺描述通常都非常的精致和华丽，而也有一些店铺反其道而行，只是简单地说出产品的特色，可能只有一两屏的内容，反而让顾客更加专注的选择产品，感受更加真实。而文案由于篇幅短小，因此描述的产品内容更加精华。如图 11-10 所示。

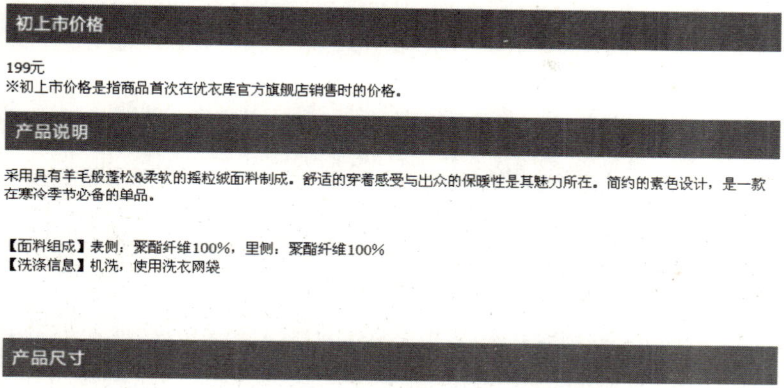
初上市价格

199元
※初上市价格是指商品首次在优衣库官方旗舰店销售时的价格。

产品说明

采用具有羊毛般蓬松&柔软的摇粒绒面料制成。舒适的穿着感受与出众的保暖性是其魅力所在。简约的素色设计，是一款在寒冷季节必备的单品。

【面料组成】表侧：聚酯纤维100%，里侧：聚酯纤维100%
【洗涤信息】机洗，使用洗衣网袋

产品尺寸

图 11-10　只有简短描述的优衣库店铺产品

一般的店铺的装修是越来越奢华，不断地增加各种内容和页面让顾客晕头转向。一些店铺装修用了各种动态图片和各种活动模板等。而很多国外的网站首页实际上就只有一个页面。现在淘宝上已经涌现了一些勇于颠覆现状的掌柜，将首页的作用发挥到极致，内容有些也和国外的网页一样，只是一个页面，或者是两三页，内容也只是用来做店铺的宣传或者是活动的宣传。

这些店铺虽然至今看来都不算经营得特别好的店铺，但实际上也已经改变了很多状态，如很小众的民族风店铺，现在也变得非常的强大。甚至可以媲美国际流行的那些服饰品牌。如果你的店铺已经难以为继，不如彻底地改变。

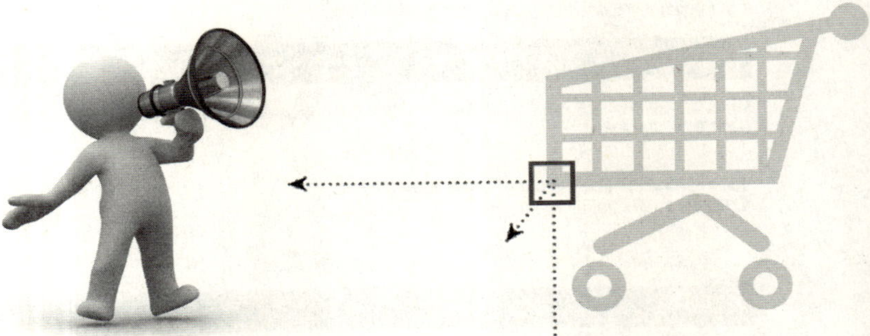

# 第 12 章

# 静止

这是脱困部分的最后一章，也可以说是笔者自己本身的深刻感悟。笔者一开始也是普通的经营者，通过电子商务学会了很多经营的方法。而在这些经验中，有一种方法深深地影响了笔者之后的经营，这就是静止之道。

虽然现在店铺信用已经不像以前那么有用了，但是在早期的淘宝网店经营中，笔者对信用还是非常重视的，当然现在有很多商家还是如此。

在这里给大家分享下笔者让自己陷入困境的一段经历。

在早期的淘宝经营中，笔者开设的店铺非常的简单，没有什么高明的技巧，也没有用什么推广工具。只是简单地将商品拍摄后，草草地写了下产品描述，并简陋地装修了店铺。不过生意却特别好做，几乎商品上架就有人来购买。

当商品不断卖出甚至供不应求时，笔者便开始大量囤货，由于服装类商品有很强的季节性，因此笔者便利用反季节的超低价购入大量低价商品。这些商品一开始由于价格低廉，销售一度非常火爆。

而销量暴增后，就显得销售的环节人手缺乏，这时候就立即增加了客服人手，当客服人手到位后，发现商品销售虽然火爆，但整体店铺款式略少，然后就不断地增加新款。

款式和数量都增加后，明显感觉到的问题是仓库不够用，每天配货非常烦琐，由于仓库不够大，只能叠放起来，而由于是低价商品，所以顾客愿意一次购买很多件不同款的衣服，这让发货的时间也在增加。为了克服这些问题，笔者再次投入资金，找了更大的仓库和齐备的货架。

当然盲目扩大的心态并没有因此停止，为了将来发展，在租用仓库时，找了较大的仓库，导致一半空闲。发现仓库空闲后又再次购入大量的存货，由于库存量太大以至新款来不及上货，于是又增加了美工人手、仓库也增加了理货员、质检等岗位。

但表面风光的销售并没有自己想象中那么完美，由于低价销售本身带来的利润较低，而如果提价则销量就马上下降。

但这时候已经难以停止，店铺员工工资必须要发，而仓库的租金及电脑设备的添置等成本，实际已经超出了利润的产生。

由于本人的固执己见，直到 2010 年冬季的某一天，才发现自己已经是负债经营。虽然从账目上看有非常多的盈利，但很多滞销商品已经严重占据了资金。到年底时，甚至连员工的年终福利都无法发出。

在死撑经营的这段时间，用尽了各种方法和经营手段，各地寻求帮助后，仍然没有让店铺恢复起色。

在巨大压力之下，人却变得清醒起来，在不断地自我批评和反思后，终于决定在很多卖家最喜欢的旺季时间段停业，也就是过年前后 3 个月。这 3 个月店铺商品全面下架，首页只放一条通知，即停业修整，3 个月后恢复经营。

并让所有员工放假回家，如果想辞职的也接受辞职。仓库跟店铺全部关闭，这 3 个月我不再考虑店铺的所有事情，而是给自己放一个长假。当时自己是这样一种想法，反正已经想尽办法了，不断死撑的结果是每天都在亏损，还不如让自己放空，去想一下自己究竟要什么？

这就是笔者的经营之道，即“静止”。现在如果当某个困境困扰到笔者时，笔者也不再去想立即见效的解决方式，而是让自己尽量放空，当你放空后回头再去看，就会看到之前看不到的东西。

当时休假的 3 个月，让自己成为了旁观者，从旁观者的角度看自己的问题，很快就看出症结所在。过于快速的发展、资金的积压和利润的丧失，这些都不是主要问题。最主要的问题是店铺的现金流是否健康，即每天赚到的钱是否超过了所支出的。

笔者将所有的支出与每天的收入对比，减少了支出额度，实际上就是盈利了。而对于滞销的商品导致的资金积压，笔者从现有的店铺中将这些商品删除。重新开了一家比原来更低价的清仓销售店铺，将这些资金回笼。

在之后的3个月，店铺再次恢复了正常的经营状态。

这里希望各位中小卖家在经营中不只是每天不断的经营，而忘了最初的经营目的。找到一些自己的空闲时间，让自己静止，以旁观者的眼光看待自己的店铺。

如果某位读者朋友也遇到了困境，不知所终，那么如果有幸能看到这段文字，建议你给自己放个假，不一定是3个月，只要愿意，可以是3天，甚至是3小时，让自己不再想店铺的事情。回头再看看，是不是已经不同了呢？

# 第四部分　融合

## 成熟网商的格局打造

# 第 13 章

## 利的打造

与很多目标远大的大网商，或者本身是传统行业转型做网店的商家不同，笔者在与中小网商的无数次频繁接触中，中小网商想的确实没有那么远大。

笔者见过很多掌柜是因为被公司辞退后才决定在网上开店的；还有些女掌柜是因为怀孕不适合去上班，之后也不准备上班，结果就在家开网店了；还有上班时间太空闲开网店的；还有自己在网上消费太多，想把花出去的钱赚回来的……

中小网商去开店的目的多种多样，但可以总结的是中小卖家和大型卖家的较大区别是，中小卖家想的是蝇头小利，而大卖家想的却是市场占有率、品牌知名度等。

中小卖家不管是被辞退的，还是怀孕不适合上班的都只是希望赚点工资钱，而太空闲和花太多钱的，不是希望赚点外快就是希望把钱赚回来。

中国有句古话叫无商不奸，实际上本人不太认同。上班是出售自己的劳动力，而开店实际上也是。每天的销售工作实际上也是在劳动。而挣钱养家更是天经地义的事。

有意思的是，从中小网商的话语中，笔者尝试发现中小网商是如何看待大商家的。大部分中小网商认为大卖家都是很有名的、大品牌的、大公司的。而大商家给小卖家的最大印象是有名！名牌！如图 13-1 所示。

图 13-1　天猫品牌街的那些品牌

笔者在某次分享会中探讨时发现，小卖家实际上潜在的需求也是需要有名，只是没有大卖家那么感受深刻。

在与大卖家的接触中，笔者也尝试寻找大卖家和中小卖家的区别究竟在哪里，实际上如果说经营技巧，有时候大卖家还不如小卖家，很多小卖家潜心研究经营技巧，某些工具应用得非常熟练。如果说勤奋，实际上大卖家也比不上小卖家，笔者就见过非常多的特别勤奋的小卖家，每天起早贪黑的看着旺旺，自己打包、自己装修，特别的勤奋。

不过笔者在不断与大卖家的交流和沟通中发现，大卖家的某一点确实是很多中小卖家所缺乏的，这就是格局！

可以说是成熟网商的格局，一个成熟网商的格局不只是利润的打造，也不只是为了出名而开店，而是打造名与利的平衡。

首先来探讨利的打造。

利润的打造在很多人看来是非常简单的，无非是把低价进的商品，高价卖出去，这就是创造利润。

实际上打造利润的方法，也确实如此，但是就网店这一经营方式来说，利润打造的过程是否是我们真正了解的。利润产生的源头是销售者，而销售者则是在本书中不断提到的流量。而销售者卖掉商品后得到的实际上是销量。当销量减去成本，这就是毛利。

上面的内容特别简单，不过笔者希望大家看到的是真正的内涵。一个成熟的网商看到的绝不只是字面上的意思，而是学会去寻求经营的本质，中小网商最大的问题就是忙于奔走而忽视最初的本质。

如图 13-2 所示，利润是核心，在利润的外围是销量，在销量的外围是流量。从里到外越来越浅，越来越大。

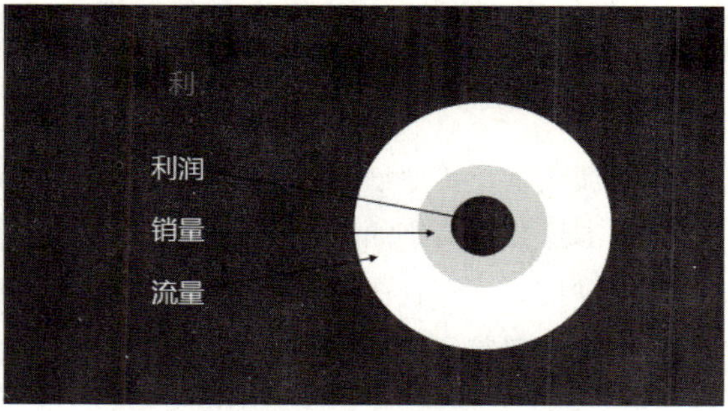


图 13-2　利的核心

越是核心的东西越是自己根本需要的，所以在经营中，最应该追求的必须是利润，无论是什么类型的店铺，在没有利润的前提下，都是有巨大风险的。而利润的外围是次要追求的销量。整个圆里面流量占据最大的外围，但是带给我们的利润却只有小小的一个圆。我们要做的是既要把最外面的流量圈扩大，又要把销量圈扩大，还要把利润圈扩大。无论外圈多大，在没有成为利润之前，都是空。

希望每个中小网商心中都有一把衡量自己的尺，时时地审视自己究竟要得到什么。

笔者最受学员欢迎的课程是推广引流的课程，引入流量可以说是中小卖家最爱听的课程，也是中小卖家自认为自己最缺的东西。实际上引流是创造利润的最虚无的部分，引流大部分做的实际是花钱，直通车也好、淘宝客也好，都是在把钱花出去。而流量中只有小部分才是我们要的，就是这些人创造的销量。如果说流量和销量哪个重要，笔者希望各位读者把销量放在更重要的地位。

销量的创造远重于流量的引入，每一笔销量都是基于大量的流量的基础上转化的，有的商品类目转化率比较高。例如，销售一些近期热门和资源较少的产品，如奶粉。这些产品的转化率比一般产品要高很多，也有些商品类目转化率比较低，如女装，竞争巨大导致转化不断下降。但无论转化多高，实际上都只是占有比例中的一小部分，更多人只是观望而没有购买。

所以我们在创造流量前，要把创造销量放到前面。在不做任何付费推广前，让我们的产品本身自然销售的转化率达到比较好的一点，这时引入流量的比例我们就能掌控了。笔者在前面章节中提到过类似的案例。转化达到一定数值时，引入流量就可以不再亏损。

在销量的内核是我们真正想要的东西，即利润。与流量和销量的对比一样，大部分的销量去除成本后，结果得到的是更加小的利润。

1000 人可能只有一个人购买一件产品，创造了 100 元的销售额，减去成本后可能只有 30 元，甚至更低。

很多淘宝掌柜，特别是中小卖家，在经营时，从来没有计算过自己的成本，一般只是计算卖出金额减去进货金额，以为就是利润，实际上这只是毛利。除了应该去除房租、水电外，自己的劳动实际也应该扣除，因为如果是雇人的话，这部分工作也是有大量支出的。

当然无论是中小卖家还是大卖家，追求利润是最重要的，利润是衡量我们经营状态最基本的尺，有了利润这把尺后，我们就可以去衡量销量，然后再去衡量流量。

流量是庞大而空虚的，销售让流量变得实在一些，但根本还是利润。

曾经有学员问过笔者这样一句话："创造多少额度的利润才是好的推广方式？"而笔者给出的答案是：只要推广是赚钱的就都是好推广，哪怕你花了 100 万，挣到了 100 万零 1 元。

# 第 14 章

# 名的打造

对于成名的概念可能很多中小卖家一般不会太关注，不过对于网店品牌这个名词就关注得非常多了。品牌在很多人心中的概念都不尽相同，很多品牌大师或者商业专家也都各执一词。

有的说品牌只有是百年以上的才算？不过笔者想这是谁定下的规则呢？一定有很多人也持反对意见，例如，苹果公司建立于 1976 年，中间经历了各种没折，至今在全球可以说是数一数二的品牌，你很难忽视它的存在，而它至今尚不满 50 年。事实上还有很多公司用非常短的时间创造了一个又一个品牌，在瞬息万变的互联网时代，时间不再是衡量品牌的标准。

也有人说，只有让大多数人知道，并了解你这个品牌，才算是品牌。但哪怕是苹果这个全球知名的品牌，如果你去问你奶奶要个苹果，可能她会拿起一个真的苹果然后削了皮给你吃。

也有很多人认为品牌是拥有一定的自我用户群的产品或产品系列，笔者本人也较为认同这一观点。

一谈到小网商如果要打造品牌，可能很多专家会对这些有想法的人嗤之以鼻。什么？小小的网店也谈品牌？连谁谁谁都不敢谈自己是品牌。首先，大品牌也是由小商家成长起来的；其次，哪怕是街边的小吃摊，如果有特定的忠实顾客，或者是慕名而来的顾客，这也算是品牌不是吗？

实际上再大的品牌也有人不知道，而再小的品牌也有人为此着迷。这里希望各位读者不要认为自己是小商家，因此自己不该拥有忠实粉丝的权利。

当然，如果你销售的产品和别人没有什么不同，而在顾客看来也确实没有什么两样。无论是从产品本身，还是辨认度，或者是服务等方面都没有什么不同的话，顾客确实很难记住你。如果你是销售服装的，顾客在购买了你的商品后，下一次有需求时，只要他无法想起，或者哪怕想到也不会再次购买。那就不能称作品牌了，因为你真的只是在卖货。

如果需要顾客下一次能提到你，或者是购买者愿意替你传播，那么首先需要赢得顾客的认可。除了至少要做到大多数商家能做到的事情之外，能为顾客多做一些别人没有想到的。如产品的包装制作的比一般店铺更精美，购买后的回访服务更加优质，等等。最好你还拥有一个能传播的名称，或者是口号。

可以说这是成名第一步，事实上这就是口碑，各位读者可以这样去理解。

口碑——以产品赢得客户的认可！

拥有了口碑后，让顾客再次愿意光临，同时愿意主动关注你，你除了需要有一个美丽的外表，还需要在视觉上配合自己的产品风格。在网上销售产品，基本都是靠视觉。店铺首页、产品描述和页面海报，绝不只是做到漂亮美丽就好，而是要与产品及产品的定位相契合。如果能做到的话，做成整体一致的产品形象。不只是店铺的视觉，同时产品的包装，以及所有和店铺相关的视觉设计都应尽量的保持一致。

这是成就品牌的第二步，拥有完整和统一的视觉形象，才能让买家愿意停留在你的店铺。

设计——以完整形象赢得客户关注！

当然你做到的不仅仅是人家说这个衣服特别耐穿、这个食品特别好吃、这个电视机特别清晰、这家店铺装修得特别漂亮等。

而是让人拥有关注的焦点，如这个衣服是某种风格的，这个食品是哪种特别口味的，这款电视拥有某种特殊效果。是否发现，我们在选择产品时总是能记住有独特感的产品。可以说是自身与别家产品的区别。不论是产品本身有没有不同，还只是在包装或者是定位上做到不同。例如，可口可乐与百事可乐。一个年轻一个经典，事实上产品本身区别非常小。

努力创造与别人之间的不同，有先天条件的改变产品，没有条件的改变感受。这或许就能成为品牌。

品牌——以自己的风格赢得客户死忠。

前面提到了三个部分，口碑、设计和品牌，希望读者除了了解每部分的含义之外，还需要深刻理解这些内容。

与第 13 章介绍的利的打造图片一样，本章也给各位读者看这样一个圆。如图 14-1 所示。

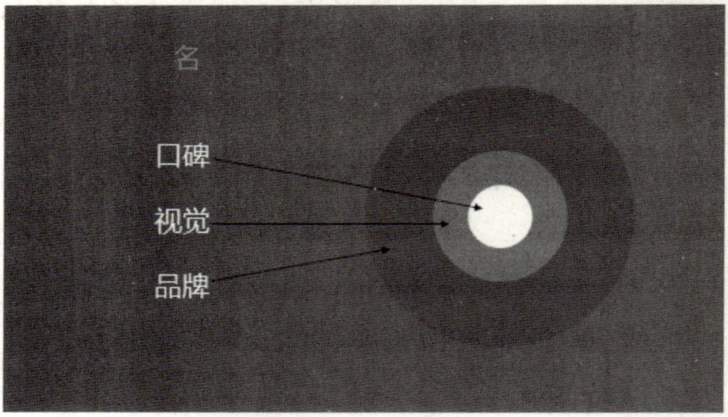


图 14-1　名的打造

可以说口碑的影响力是最核心的，但是传播的力量却是最微弱的。口碑依靠口口传播，必须是消费者才可能为我们创造口碑。而在口碑外围的是视觉，当视觉打造的适当时，能让没有购买的人也引起共鸣。而视觉的感受让人记忆更加深刻。当我们通过多个维度进行品牌创造时，一旦建立起品牌体系，造就的力量是非比寻常的。

这实际上也是很多知名品牌成长的方式，先打造口碑，有了口碑后，改善产品的整体视觉设计，之后建立自己的独特风格，从而创造出品牌，如图 14-2 所示。如果说我们为了创造自己的名，准备进行推广的话，这也是推广力度的步骤，打造口碑花费的推广费用是最低的，而成就品牌就需要最大力度的推广资金了。

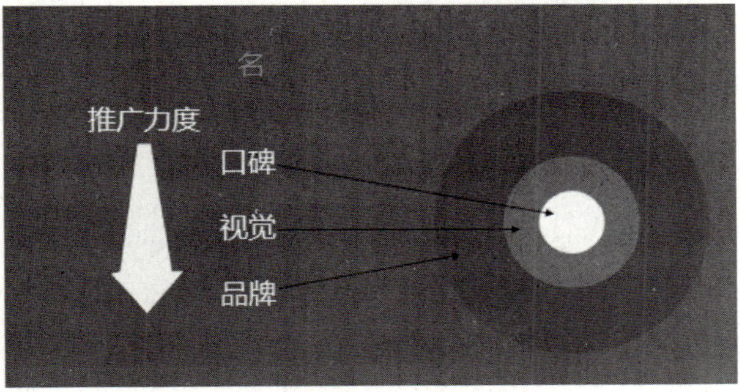


图 14-2　推广力度的步骤

在很多失败的案例中，有一些是埋头苦干只为了创造利润，最后却被对手赶超的案例；还有一些是一味花钱推广，为了建品牌而不惜一切代价，最后因为利润匮乏而失败的案例。这两种案例一样多。

而那些能在竞争对手的挤压，以及市场动荡中仍然存活的店铺，很多店铺都是名与利完美结合地做。

如果说在打造利的过程中，利润是最实在的，销量是处于中间的，流量是最虚无的，那么在创造名的过程中，创造口碑事实上是虚无的，视觉让人感觉到有些实在感，而品牌才是最能创造价值的。

在创造利润时，我们别忘记创造口碑，在创造销量时，我们别忽视设计，在拉动流量时记得同时建立品牌。虚中有实，实中有虚，这是最著名的太极文化，名与利的平衡才是成熟网商的格局，如图 14-3 所示。

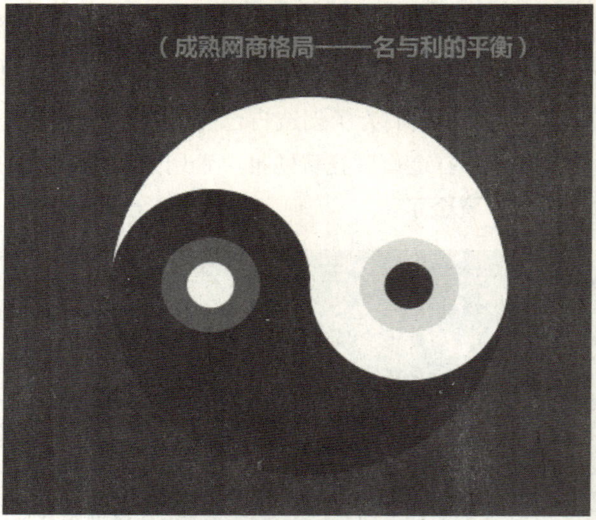
（成熟网商格局——名与利的平衡）

图 14-3　名与利的平衡才是成熟网商的格局

# 结　语

在电子商务如火如荼的激烈竞争中，我们无法避免地遭遇了中国式竞争：无良知、无底线，只要是你能做的，别人能照搬一切。

在服装行业，抄款：谁的款热卖我抄谁的，有良知的看图片做个差不多的然后上架卖，无良知的，买下你的版，然后看着你的实物完全照搬的做出来。然后图片装修什么的都照你的来。无底线的，买了你的版，抄了你的款，然后再把买的那件找个问题，退给你，邮费都没有出。

现在所有的人都感觉创新太累了，也太吃亏了，反正大家都在抄，我不抄人家还抄我呢，到最后形成了无比让人失望的市场。而电子商务特别是淘宝网，在向越来越无聊的方式去走。

有一天笔者想购买一个笔记本电脑包，搜索很久，一直没找到自己满意的，最后还是去实体店了。我们有多少次是在网上看来看去都差不多，最后反而去实体店买了呢？或者是另一种情况，实体店看中了，再到网上去搜同款。虽然方式不同，但是反映的事实相同。

电子商务透明化导致了无底限的公平。

那我们是否应该颠覆和创新呢？对于现有的团队，我们甚至都没有自己的货源，没有自己的设计师，说创新、说原创太难太难！

这里给大家举几个例子，产品体验不同的、非常好找的网店，活的也很滋润：裂帛、茵曼、花笙记和小狗电器。这些店铺要么拥有自己的供应链，要么拥有强大的设计团队。那么平凡些的网店有没有？

如果我们没有特别之处，那么是否能让客户记住我们呢？

如果说大卖家活下去，中小卖家就该去死吗？笔者绝不认同，而事实上，淘宝及互联网已经在慢慢改变，淘宝在 2012 年开始推出了小而美，让小卖家看到了存活的希望和曙光。

那些个性独立的，勇于创新的小店铺，在不断的潮起潮落中存活。那些踏踏实实的，用心经营的店铺，也在竞争中慢慢地向前行走。

而那些梦想一步登天、快速致富的店铺，却不断地快速陨落。

希望本书能让中小卖家找到一些希望和曙光，先存活下来，之后的事情靠自己！

# 反侵权盗版声明



举报电话：（010）88254396；（010）88258888

传　　真：（010）88254397

E-mail：dbqq@phei.com.cn

通信地址：北京市万寿路 173 信箱　电子工业出版社总编办公室

邮　　编：100036